Matthias Ochs, Rainer Orban

Familie geht auch anders

Wie Alleinerziehende, Scheidungskinder und Patchworkfamilien glücklich werden

2008

Über alle Rechte der deutschen Ausgabe verfügt Carl-Auer-Systeme
Verlag und Verlagsbuchhandlung GmbH Heidelberg
Fotomechanische Wiedergabe nur mit Genehmigung des Verlags
Lektorat: Barbara Imgrund, Heidelberg
Satz: Verlagsservice Hegele, Heiligkreuzsteinach
Umschlaggestaltung: Göbel/Riemer
Printed in Germany
Druck und Bindung: Freiburger Graphische Betriebe, www.fgb.de

ISBN 978-3-89670-655-3
Erste Auflage, 2008
© 2008 Carl-Auer-Systeme, Heidelberg

Bibliografische Informationen Der Deutschen Nationalbibliothek
Die Deutsche Nationalbibliothek verzeichnet diese Publikation
in der Deutschen Nationalbibliografie; detaillierte bibliografische
Daten sind im Internet über http://dnb.ddb.de abrufbar.

Informationen zu unserem gesamten Programm, unseren Autoren
und zum Verlag finden Sie unter: **www.carl-auer.de**

Wenn Sie unseren Newsletter zu aktuellen Neuerscheinungen
und anderen Neuigkeiten abonnieren möchten, schicken Sie
einfach eine leere E-Mail an: **carl-auer-info-on@carl-auer.de**

Carl-Auer Verlag
Häusserstraße 14
69115 Heidelberg
Tel. 0 62 21-64 38 0
Fax 0 62 21-64 38 22
E-Mail: info@carl-auer.de

Inhalt

Einleitung

*»Es kommt nicht auf die Familienform an sich an,
sondern auf die Beziehungsqualität innerhalb der jeweiligen Familienform.«*
Froma Walsh, Professorin für Familientherapie

Was hat das Thema »alternative Familienformen« eigentlich mit »Lebenslust« – so lautet ja der Titel dieser Ratgeberreihe, in der das vorliegende Buch erscheint – zu tun? Man denkt doch bei Alleinerziehenden eher an einsam zu bewältigende, auslaugende Erziehungs- und Lebensanstrengungen; Patchworkfamilien assoziiert man mit chronisch überforderndem Beziehungsstress an allen Ecken und Enden; Scheidungskinder stehen im Verdacht, einen sozusagen »lebensunlustigen« Trennungsschaden fürs Leben abbekommen zu haben. Ist es da nicht geradezu zynisch, zumindest sehr unsensibel oder – im günstigsten Falle – naiv, solche Problemthemen mit »Lebenslust« in Verbindung zu bringen?

Nun, diese Frage führt im Grunde direkt ins Herz des Buches, nämlich dass es letztlich eine Frage der Perspektive ist, mit welchen Bewertungen und Gefühlen wir alternativen Familienformen begegnen. Es bleibt am Ende eine Frage unserer Bewertung und Haltung (die wiederum unsere Erfahrung und unser Handeln beeinflussen), ob wir alternative Familienformen als mit Mühsal beladen, krankmachend und außerhalb der Normalität auffassen – oder als Chance für reife und erfüllende Beziehungen, als Bereicherung an Vielfalt sowie als normalen, organischen Teil gesellschaftlichen Lebens.

Die Entscheidung für eine dieser Sichtweisen kann uns niemand abnehmen – keiner der »Experten«, die in den Medien ihre Meinungen verkünden, keine Freunde und Bekannten mit ihren wohlmeinenden Ratschlägen und Erfahrungen und auch keine wissenschaftlichen Studien. Letztere werden uns in diesem Buch hin und wieder dennoch beschäftigen, weil sie manche erstaunlichen und überraschenden Ergebnisse zum Thema beitragen. Ein

Beispiel: Auch wenn es sich zu Beginn einer Patchworkfamilie oft nicht so anfühlt – Teil einer Patchworkfamilie zu sein kann eine positive Erfahrung bedeuten. Denn wenn erst einmal die anfänglich stressigen Übergangsphasen überstanden sind, dann lassen sich immer wieder positive Aspekte ausmachen: mehr Unterstützung durch ein größeres Familiensystem; größere Flexibilität in den Möglichkeiten des Zusammenlebens und der Bewältigung von Problemen; und letztlich eine stärkere Widerstandsfähigkeit gegenüber den oft nicht zu vermeidenden Widrigkeiten und Krisen, die das Leben wie Treibgut einfach mit sich bringt. Und all das hat unseres Erachtens eben sehr viel auch mit Lebenslust zu tun.

Sechs Jahre ist es her, dass die erste Version des vorliegenden Buches erschienen ist. Für Alleinerziehende, Patchworkfamilien und Scheidungskinder ist es seitdem nicht leichter geworden, in alternativen Familiensituationen zu leben. Dies hängt vor allem mit dem gestiegenen ökonomischen Druck auf Familien zusammen. Alleinerziehende müssen beispielsweise für den Lebensunterhalt tiefer in die Tasche greifen, ohne dass ihr Einkommen im gleichen Maß gestiegen wäre. In Patchworkfamilien muss mehr Geld für Mobilität ausgegeben werden, um das Familienleben aufrechterhalten zu können. Die Kosten für qualitativ gute Kinderbetreuung sind weiterhin zu hoch. Immer mehr Alleinerziehende und Trennungskinder enden in Armut und Hartz IV.

Ein Ergebnis dieser ökonomischen Entwicklung stellt möglicherweise die in den vergangenen Jahren um zwei bis drei Prozent gefallene Scheidungsrate in Deutschland dar. Diese Vermutung untermauert jedenfalls unsere familientherapeutische Erfahrung der letzten Jahre: Paare mit einem ökonomisch schwachen Hintergrund trennen sich trotz desolater oder gar kaputter Beziehung häufig nicht mehr, da sie zu Recht befürchten, dass eine Trennung zum finanziellen Ruin der Familie führen würde. Wen wundert's, wenn (wie wir dies teilweise in unserer Familienberatungs- und Jugendhilfepraxis erleben) in solchen Familien

mit Aggression und Gewalt auf die unhaltbare Beziehungssituation reagiert wird.

Um es gleich vorwegzunehmen: Wir wollen mit diesem Buch
nicht einer leichtfertigen Trennung das Wort reden. Das wäre
völlig unsinnig und tatsächlich schädlich für alle Beteiligten. Wir
halten es im Gegenteil mit dem Motto, das die Psychologin
Christine Tafler von der Würzburger Paarschule pointiert formuliert: »Lieber etwas Neues mit dem Alten als das Alte mit
einem Neuen!«

Wer aber angesichts der tendenziell leicht gefallenen Scheidungsraten nun jubiliert, dass endlich wieder geordnete Verhältnisse in Deutschland einkehren, ist auf dem Holzweg: Die Fami-
liengeschichtlerin Stephanie Coontz hat herausgefunden, dass
Scheidung und Trennung Konstanten darstellen, die in allen Kulturen zu allen Zeiten mehr oder weniger gleichbleibend zu finden
sind. Völkerkundler und Anthropologen berichten von hohen
Trennungsraten in Jäger- und Sammlergesellschaften. Die höchs-
ten jemals dokumentierten Scheidungsraten waren in Malaysia
und Indonesien in der ersten Hälfte des 20. Jahrhunderts zu finden. Auch war Scheidung nicht zu allen Zeiten und in allen Völ-
kern eine mühevolle Angelegenheit. Bei den Schoschonen-India-
nern etwa reichte es aus, wenn die scheidungswillige Frau die
Kleider und Habseligkeiten ihres Mannes außerhalb des Tipis
platzierte – und schon war die Scheidung »rechtskräftig«. Im traditionellen Japan musste ein Mann lediglich in einer dreieinhalb-
zeiligen Mitteilung seinen Wunsch nach Scheidung formulieren,
um diese zu vollziehen. Was sich aber je nach Kultur und Zeit
verändert, sind die Gründe für Scheidung und Trennung – auch
hierzu erfahren Sie mehr in diesem Buch.

Wenn Sie nun dieses Buch in die Hand nehmen, werden Sie
sich womöglich die Frage stellen: »Warum noch ein Ratgeber
zum Thema Familie?« Die Frage ist sehr berechtigt und hat auch
uns umgetrieben. Diesen Ratgeber dennoch zu schreiben war ein
sehr bewusster Entschluss. Wir beide arbeiten als Therapeuten

seit vielen Jahren intensiv mit Familien und beschäftigen uns daher auf vielen Ebenen mit dem Thema Familie. Da ist zum einen die theoretische Beschäftigung, die Forschung, das Sichten und Verfassen von Fachliteratur, aber auch das alltägliche therapeutische und beraterische Arbeiten mit Familien, das Erleben von deren Schwierigkeiten, Fähigkeiten und Möglichkeiten und das Lernen von ihnen. Jeder Klient, jede Familie hat uns durch ihren individuellen Umgang mit den vorhandenen Schwierigkeiten mindestens genauso viel gelehrt (und damit beigetragen zu diesem Buch) wie alle theoretische Beschäftigung mit diesem Thema. Zudem sind wir beide selbst Väter von Kindern. Vielfältige und knifflige Herausforderungen, wie sie sich für eine Familie stellen, kennen wir auch persönlich sehr gut.

Einen weiteren wichtigen Aspekt, der uns dazu motivierte, unsere Erfahrung und unser Knowhow zu Papier zu bringen, stellt die immer wieder aufflammende öffentliche Diskussion um Familie und Erziehung dar. Wie niemandem von uns entgangen sein dürfte, tobt seit einigen Jahren ein regelrechter Kampf um das Thema, der sich seit der Pisa-Studie noch verschärft hat. Da schreiben auf einmal Journalisten und Nachrichtenmoderatoren Bücher mit Titeln wie *Der Erziehungsnotstand* oder *Die Erziehungskatastrophe* (für Eltern sehr ermutigend, finden Sie nicht auch?). Politikergattinnen, Wirtschaftsfunktionäre und Verfassungsrichter fühlen sich plötzlich dazu berufen, ihre vermeintlichen pädagogischen Erkenntnisse und familienideologischen »Einsichten« zum Besten zu geben. Es ist schon frappierend, dass die öffentliche Diskussion um Familie von Personen des öffentlichen Lebens geprägt wird, die offensichtlich über viel zu wenig Hintergrundwissen und Fachkompetenz verfügen und somit der Komplexität des Themas in keinster Weise gerecht werden können. Dabei steht mittlerweile ein sehr fundiertes familienpsychologisches und -therapeutisches (Forschungs-)Wissen zur Verfügung.

Dieser Ratgeber richtet sich grundsätzlich an alle Eltern. Speziell werden jedoch diejenigen unter Ihnen angesprochen, die

Trennung, Scheidung, Alleinerziehen und Familienneugründung, also die ganze Palette von Übergangsphasen und damit verbundenen Schwierigkeiten rund um Familie erfahren (haben). Wir wollen Ihnen, basierend auf dem aktuellen Stand der Familienforschung und auch auf unseren praktischen familientherapeutischen Erfahrungen, konkrete Hilfestellungen und Anregungen geben. Wir möchten Sie dazu einladen, sich das Thema Familie, Veränderung von Familie und Familienideal aus verschiedenen Perspektiven anzuschauen.

Auch wenn wir uns nicht scheuen werden, Ihnen Ratschläge zu unterbreiten, so versuchen wir doch immer zu bedenken, dass »Ratschläge auch Schläge« sein können. Wir halten nichts davon, mit erhobenem Zeigefinger darüber zu dozieren, was richtig und was falsch ist. Aus unserer Sicht ist der Druck auf Familien zurzeit bereits groß genug. Menschen, die familiäre Schwierigkeiten haben oder familiäre Veränderungs- und Umbruchphasen erleben, hegen oftmals schon genügend Zweifel und Schuldgefühle und müssen nicht noch zusätzlich verunsichert oder gemaßregelt werden. In diesem Zusammenhang muss auch der viel beschworene Mythos von der »Idealfamilie« genannt werden, der seine zersetzende und schwächende Kraft eben genau dann entfaltet, wenn Menschen, warum auch immer, seinem »Ruf« nicht mehr folgen (können) und eigentlich Stärkung und Selbstversicherung bräuchten.

Daher sollten Sie bei allen Anregungen und Vorschlägen, die wir Ihnen machen, stets bedenken: Wir kennen Sie nicht! Wir wissen nicht, was individuell für Sie und Ihre Lebenssituation am besten passt! Wir wissen aber, was *allgemein* hilfreich und was eher nicht hilfreich sein kann. Wir sind sicher, dass in diesem Buch für jeden von Ihnen etwas dabei ist. Suchen Sie sich das für Sie Passende einfach heraus. Das andere lassen Sie sozusagen am Wegesrand liegen.

Eine unserer professionellen Grundhaltungen ist es, dass wir andere Menschen nicht dahingehend ändern können, so zu handeln, zu denken oder zu fühlen, wie wir das gern hätten – auch nicht annähernd. Kein Therapeut, kein Ratgeber kann dies. Wir werden Sie mit diesem Buch nicht ändern können, so wie Sie auch nicht Ihre Partner, nicht Ihre Kinder ändern können. Wir alle können uns nur selbst ändern – wenn wir es denn wollen (und es mag in verschiedenen Lebenssituationen gute Gründe dafür und dagegen geben).

Eine weitere Grundüberzeugung von uns ist, dass es vielen Menschen in Familien allein dadurch schon besser gehen könnte, wenn sie ihre Bewertungen und Vorstellungen dessen, was Familie ist, sein sollte und sein kann, verändern würden. Wir sind uns bewusst, dass eine solche Veränderung der Vorstellungen gerade beim Thema »Familie« extrem schwer ist. Der Mythos von der Idealfamilie, an dem wir uns alle mehr oder weniger orientieren, ist verflixt stark und tief in unsere Seelen eingegraben. Der Familiensoziologe Reinhard Sieder schreibt dazu (2007, S. 21):

Wie viele Mythen wirkt auch der abendländische Familienmythos in zweifacher Weise: Zum einen hält er Frauen, Männer und Kinder in seinen betörenden Bildern gefangen. Zum anderen verdeckt er die Fraglichkeit dessen, was er verspricht. Die Wahrheit des Mythos ist Fiktion. Nur eine Fiktion kann von den zahlreichen, verschiedenen und sich ständig verändernden Wirklichkeiten ein einziges starkes Bild der »Familie« abstrahieren: Mann und Frau leben als Paar mit ihren Kindern glücklich unter einem gemeinsamen Dach.

Wir wollen in diesem Buch einige Ideen dazu entwickeln, wie man trotz dieses starken Familienmythos ein wenig toleranter und wohlwollender mit sich selbst und mit anderen Menschen umgehen kann – mit Menschen, die in alternativen Familienformen leben, mit Menschen, die sich an diesem Mythos (warum auch immer) nicht uneingeschränkt orientieren (können). Wir werden Ihnen daher zunächst einen umfassenden Einblick in die

Geschichte der Familie und Definitionsmöglichkeiten von Familie geben und uns ansehen, wie Familienideale und -mythen historisch entstanden sind und sich in unseren Köpfen und Herzen ständig wieder neu gestalten. Anschließend werden wir uns mit einigen ausgewählten Familienformen (biologische Kernfamilien, Ein-Eltern-Familien und Patchworkfamilien) eingehender beschäftigen und Ihnen ausführlich den aktuellsten Erkenntnisstand zum Thema Trennung und Scheidung vorstellen.

Uns ist es ein Herzensanliegen, mit den vielen unsinnigen Argumenten rund um dieses letztgenannte Thema »aufzuräumen« und die medial und bedauerlicherweise auch von manchen selbsternannten »Fachleuten« erzeugten Geister von trennungsgeschädigten Kindern und Scheidungswaisen zu vertreiben. Dass Scheiden (immer noch) wehtut und auch lang anhaltende Spuren des Schmerzes und der Verletzlichkeit hinterlassen kann, ist klar und wird auch von der Forschung bestätigt. Auch sind Trennung und Scheidung keine Bagatellereignisse, die mit »Happy Talk« und durch das Aufsetzen einer rosaroten Brille bewältigt werden können. Wer sich leichtfertig trennt und diese Trennung dann schönreden will, der wird sein blaues Wunder erleben: Der renommierte Scheidungsforscher Paul Amato hat herausgefunden, dass solche Expartner hinterher unglücklicher als vorher sind.

Aber, und das ist entscheidend: Scheidung und Trennung münden nicht automatisch in eine Katastrophe. Im Gegenteil: Die meisten Menschen, die von Scheidung und Trennung betroffen sind, unterscheiden sich langfristig betrachtet bezüglich ihrer körperlichen und seelischen Gesundheit nicht von Menschen ohne diese Erfahrung. Dies werten wir als Anzeichen dafür, dass wir Menschen in der Regel mit einer Widerstandskraft ausgestattet sind, die es uns erlaubt, mit den Widrigkeiten des Lebens einigermaßen klarzukommen – mehr noch: die es uns Menschen ermöglicht, an diesen Widrigkeiten auch zu wachsen. Oder, wie es die blinde Schriftstellerin Helen Keller so wunderbar formulierte:

»Ist die Welt voller Leid, so ist sie doch auch voller Beispiele für dessen Überwindung.«

Ein weiteres Kapitel widmet sich der Frage, wie Familien, unabhängig von der Familienform, sich und ihr »familiäres Immunsystem« nachhaltig stärken können – also Widerstandsfähigkeit bzw. Resilienz (das ist der Fachausdruck dafür) entwickeln. Im vorletzten Kapitel wollen wir Ihnen dann noch einmal mit der Beantwortung der Frage »Was kann Familie leisten?« Mut machen. Das letzte Kapitel fasst noch einmal einige wichtige Aspekte zusammen.

Bei der Bezeichnung von Personen haben wir uns aus Gründen der besseren Lesbarkeit für die männliche Form entschieden. Sie werden also überall die männliche Form finden, wobei damit grundsätzlich (wenn es nicht ausdrücklich anders vermerkt ist) immer beide Geschlechter gemeint sind. Aus unserer Sicht ist die Emanzipation mittlerweile so weit fortgeschritten, dass sie sich vom sprachlichen Ballast ihrer frühen Tage befreit hat und uns diese – lediglich stilistisch motivierte – Verkürzung sicherlich verzeihen wird.

Wir weisen in den Kapiteln hier und da auf wissenschaftliche Studien und Untersuchungen hin; interessierte Leserinnen und Leser finden am Ende des Buches das zugehörige Literaturverzeichnis. Dort sind alle Arbeiten und Publikationen aufgeführt, auf die wir uns im laufenden Text beziehen.

Wir möchten allen, die uns aktiv wie passiv unterstützt haben, ein Dankeschön sagen. Wir wissen, es war nicht immer einfach. Ein persönlicher Dank gilt Herrn Dipl.-Psych. Markus Töpfer für anregende Feedbacks und Herrn Dipl.-Pol. Jens Ochs für seine hilfreichen Rückmeldungen – und das, obwohl er in dieser Zeit gerade Vater wurde. Mit einer tiefen Verbeugung bedanken wir uns von Herzen bei Frau Dr. med. Sibylle Riffel für ihre Zeit, ihre Genauigkeit und ihren großen Sachverstand.

Die vorliegende, komplett überarbeitete und aktualisierte Fassung des Buches wäre ohne die fundierte und sehr angenehme

Unterstützung des Carl-Auer Verlags sicher nicht realisiert worden. Ein dickes Dankeschön geht daher an dieser Stelle an das Verlagsteam!

Matthias Ochs, Rainer Orban
Darmstadt/Sulingen im Juli 2008

Was ist Familie?

»Die ganze Familienideologie ist ein sehr regressives Konzept. Die großen Werke der
Weltliteratur handeln nicht von Familienglück, sondern von Familienhorror.«
Jack Nicholson

Kaum ein Begriff der öffentlichen Diskussion und des alltäglichen Gebrauchs scheint uns so klar und deutlich umrissen wie jener der Familie. Jeder von uns weiß, was Familie ist, (fast) jeder hat Familie erfahren, ist in einer Familie aufgewachsen. Jeder von uns hat das berechtigte Gefühl, bei diesem Thema kompetent mitreden zu können. Doch gibt es *die* Familie als feste Größe überhaupt?

Genauso wie die Gesellschaft ständig im Wandel und in Entwicklung begriffen ist, ändert sich auch die Familie. Familie wurde zu verschiedenen historischen Zeiten und in verschiedenen Kulturen teilweise ganz unterschiedlich begriffen. Zudem existieren auf der Welt auch zum heutigen Zeitpunkt sehr unterschiedliche Formen der Lebensgemeinschaft und Familie, wie es auch in Deutschland verschiedene Auffassungen darüber gibt, was Familie ausmacht.

Es mag platt klingen, aber unsere familientherapeutische Erfahrung zeigt uns ganz deutlich: Jede Familie ist wirklich anders und funktioniert nach recht eigenen Regeln – auch hier in Deutschland. In jeder Familie werden ganz eigene Geschichten erzählt und offen oder verdeckt Vorstellungen darüber ausgetauscht, was sich gehört und was nicht, wie zwischenmenschliche Beziehungen funktionieren und wie auch nicht. Natürlich lassen sich aus wissenschaftlicher Distanz auch Ähnlichkeiten zwischen Familien finden, die sich als »typisch« beschreiben lassen: z. B. die »Sucht« nach Harmonie in Familien, deren Mitglieder psychosomatische Symptome entwickeln – wir selbst haben solche wissenschaftlichen Untersuchungen bei Familien mit Kopf-schmerzkindern durchgeführt.

Aber für die konkrete familientherapeutische Arbeit sind solche Schubladen oft wenig hilfreich. Deshalb verhalten wir uns als Familientherapeuten eher wie Völkerkundler, die mit der Neugier eines Entdeckers sozusagen fremde Welten erkunden. Diese Haltung ist uns therapeutisch deshalb auch so wichtig, weil wir sonst zu schnell in die Falle des »Ach, das kennen wir ja schon« tappen und unsere Offenheit dafür verlieren, was tatsächlich in den Familien passiert und welche Fähigkeiten und Kräfte in den Familienmitgliedern und deren Freunden, Verwandten und Bekannten stecken.

Wir möchten Ihnen im Folgenden mit einem Rückblick in die Geschichte der Familie und mit einem kurzen Einblick in die Familientheorie vermitteln, auf welch unterschiedliche Weise Familie begriffen werden kann und welches Verständnis von Familie unserem Buch zugrunde liegt.

Das Gemeinsame trennt mehr, als es verbindet

Wir erinnern uns an viele Geschichten aus unserer Kindheit: Kindergeburtstage, Einschulung, Kommunion, Weihnachten, der Tannenbaum. Vergilbte Fotos, verwackelte Super-8-Filme. Spontan und fast selbstverständlich fallen uns ähnliche Dinge ein, doch ist gerade dieses innerliche, intuitive, uns alle scheinbar verbindende Wissen auch das, was das Thema Familie so schwierig macht. Denn mehr, als unser Wissen uns tatsächlich verbindet, trennt es uns.

Paula und Rike sind Schwestern. Paula ist 27 und Rike 21 Jahre alt. Beide sind bei ihren leiblichen Eltern aufgewachsen. Paula hat eine sehr schwierige Beziehung zu den Eltern, Rike eine weitestgehend unkomplizierte. Die Eltern haben sich vor zwei Jahren nach 29 Ehejahren getrennt. Paula, die mit 17 Jahren zu Hause auszog und mittlerweile in einer anderen Stadt wohnt, empfindet dies als furchtbar. Rike, die noch bei der Mutter lebt und im Heimatort studiert, fand die Trennung hingegen sehr erleichternd und ist froh zu sehen, dass es beiden Eltern nun gut geht. Paula und Rike sind nicht in der Lage, eine gemeinsame Sicht auf die Dinge zu entwickeln. Stattdessen wirft Paula der kleinen Schwester Naivität vor, während Rike kritisiert, die ältere Schwester sei einfach blind für die Realität.

In persönlichen Beziehungen ist es eine der größten Gefahren, zu glauben, man dächte unausgesprochen dasselbe (auch wenn dies häufig als ein Ideal und Qualitätskriterium für romantische Beziehungen erhoben wird). Seien Sie ehrlich: Bemerken Sie, dass jeden Morgen die Sonne anders aufgeht? Bemerken Sie, dass kein Tag, kein Wort, keine Miene, keine Tat ist wie die andere? Meinen Sie nicht oft, schon vorwegnehmen zu können, was Ihr Partner gleich sagen will? Aber wissen Sie es wirklich? Ist diese Vorwegnahme nicht bloß eine wunderbar bequeme Haltung, um nicht genau hinschauen, hinhören, das eigene vorgefertigte Bild in Frage stellen zu müssen?

In einer Studie untersuchten wir, wie sich einander unbekannte Personen beim ersten Kontakt einen Eindruck voneinander bilden. Wir stellten dabei fest, dass sich die Studienteilnehmer in der Regel innerhalb kurzer Zeit ein sehr komplexes Bild von ihrem Gegenüber machten. Dass dieser Eindruck vor allem auf der Vorerfahrung mit anderen Menschen beruhte, liegt auf der Hand. Ihr Gegenüber kannten die Studienteilnehmer erst einige Minuten lang. Dennoch blieb dieser erste Eindruck über die Zeit der Untersuchung (zwei Stunden) häufig sehr stabil.

Dieses Beispiel verdeutlicht, wie schnell wir meist dabei sind, Einstellungen und Urteile über andere Menschen auf einer unzureichenden Informationsgrundlage zu bilden. Dies ist menschlich –

kann aber in Partnerschaften dramatische Folgen nach sich ziehen. Das wissen übrigens all jene, die eine Trennung und Scheidung erlebt haben, besonders gut und berücksichtigen dies bei der nächsten Partnerwahl und der Gründung neuer Familien(formen). Der Familiensoziologe Reinhard Sieder (2007, S. 357) schreibt dazu:

> Die romantische Liebe verschwindet zwar keineswegs, doch wird sie öfter erlebt und öfter verloren. Damit aber wird sie auch in den ihr zugeschriebenen Qualitäten vielfältiger. Sie ist nicht mehr in der Ehe monopolisiert und auch nicht auf die heterosexuelle Beziehung beschränkt. Frauen und Männer erleben sie meist öfter als einmal im Leben, und je öfter sie das Ende einer romantischen Liebe erleben, desto eher rechnen sie damit. Die Gleichzeitigkeit der Hoffnung und des Zweifels wird zum Markenzeichen … So transformiert sich auch der Code der romantischen Liebe in den Code der »skeptisch-romantischen Liebe«.

Sieder hat in eigenen Untersuchungen zu Patchworkfamilien festgestellt, dass all jene, die nach einer Trennung oder Scheidung mit einer gewissen Skepsis, Nachdenklichkeit und mit weniger Naivität neue Bindungen eingehen, erfolgreicher sind als diejenigen, die neue Bindungen wieder mit denselben romantischen und mythischen Idealisierungen aufladen wie die bereits gescheiterten – nur noch etwas übersteigert.

Das gemeinsam erworbene »Wissen« über Familie scheint uns jedenfalls nicht unbedingt zu helfen, sondern eher voneinander zu entfremden und damit Grabenkämpfe zu fördern. Lassen Sie uns daher zunächst einen kurzen Blick darauf werfen, warum Familie als Thema so reizvoll ist, um dann weiter in der Geschichte von Familie zurückzugehen.

Machtfaktor Familie

Familie ist seit vielen Jahren in der öffentlichen Debatte eines der spannendsten gesellschaftlichen Themen – u. a. auch dank der Pisa-Studien und der damit verbundenen Diskussion um unser Bildungssystem. Mittels der Bilder von Familie aber werden politisch und gesellschaftlich Machtverhältnisse aufgebaut, befördert und nicht selten auch zu zementieren versucht. Der 2001 verstorbene katholische Bischof Johannes Dyba äußerte sich Anfang 1999 in der Fernsehsendung *Talk im Turm* wie folgt: »Zwei Lesben mit einer Anonympulle Sperma im Tiefkühlfach, das ist doch keine Familie.« Anfang 2007 attackierte im Rahmen der Diskussion um die Frage des Ausbaus von Kindererziehung der ebenfalls katholische Bischof Walter Mixa die Bundesfamilienministerin und CDU-Politikerin Ursula von der Leyen scharf, in dem er ihr vorwarf, sie wolle Frauen zu »Gebärmaschinen« degradieren. Daran hielt er auch trotz massiver Kritik fest. Die Frage ist, ob die Herren Bischöfe mit ihrem Blick auf Familie Recht haben – und weiterführend, warum so viele Menschen und gesellschaftlichen Gruppen anscheinend viel Wert darauf legen, in Fragen der Familie Recht zu haben und sich durchzusetzen.

Wenn wir uns anschauen, welche Positionen die beiden großen christlichen Kirchen zur Familie einnehmen, so können wir Folgendes festhalten: Die katholische Kirche erklärt Familie zu einer Einrichtung Gottes, die dem Staat vorausgeht. Aus ihrer Sicht ist der Staat verpflichtet, die eine Form der Vater-Mutter-Kind-Familie (als Folge der Eheschließung) zu schützen. In der evangelischen Kirche überwiegt eher die Meinung, dass es den Menschen freigestellt sein sollte, Familie nach ihren eigenen Vorstellungen zu gestalten.

Auch die Familienwissenschaften werden in diese Machtauseinandersetzung über die »richtige« Vorstellung darüber, was Familie sein sollte und was nicht, massiv hineingezogen und nehmen selbst munter daran teil, wie wir später noch ausführlicher zeigen werden. Nur so viel jetzt schon: Dass sich das so verhält, macht es häufig so schwierig, verlässlichere Aussagen beispielsweise über die Auswirkungen von Trennung und Scheidung aus Forschungsergebnissen herauszuziehen.

In der gesellschaftlichen Diskussion gilt Familie als Keimzelle der Gesellschaft. In Deutschland und den westlichen Ländern wird seit einigen Jahrzehnten eine Mutter-Vater-Kind(er)-Familie propagiert, die wie ein Abziehbild der Heiligen Familie daherkommt. Mit spitzer Feder formuliert, könnte man das als einen »Treppenwitz« der Geschichte bezeichnen, denn bekanntlich ist Josef ja der Stiefvater. Kritisch ist nachzufragen, ob dieses Familienbild unseren sozialen Realitäten überhaupt noch gerecht zu werden vermag.

Aber auch in der Politik ist Familie ein beliebtes Thema. Konservative Kräfte warnen seit jeher vor der Erosion der Familie, als wäre Familie ein Berg, der durch die Unbilden des Wetters langsam abgeschliffen wird. So beklagte bereits 1855 Wilhelm Heinrich Riehl, der heute als der erste deutsche Familiensoziologe bezeichnet wird, den Zerfall der Familie als den Zusammenbruch des »ganzen Hauses«. Interessant sind dazu auch die Positionen der beiden aktuellen Regierungsparteien. Noch im Februar 1999 sagte die ehemalige CDU-Familienministerin Hannelore Rönsch: »Für uns ist Familie Mutter, Vater, Kinder.« Auf der Homepage der CDU vom Februar 2002 fanden wir das Protokoll einer Podiumsdiskussion mit Experten vom August 1999, in dem es heißt: »Es gibt eine Fülle von familiären Formen, die, ob verheiratet oder nicht, heute als Familie bezeichnet werden.« Mittlerweile hat sich auch die CDU programmatisch diese Haltung zu eigen gemacht. Gleichwohl ist sie innerparteilich immer umstritten. Dies spiegelt sich darin, dass im Grundsatzprogramm vom Dezember 2007 zwar steht, dass Familie dort ist, wo Eltern mit Kindern und Kinder mit Eltern leben. Die Ehe wird dennoch hochgehalten und zugleich betont: »Die Entscheidung für Ehe, Kinder und Familie ist eine persönliche Entscheidung, die wir unterstützen: Staat und

Gesellschaft dürfen aber den Menschen nicht vorschreiben, wie sie zu leben haben.« Es ist also schwer, hier ein eindeutiges Bild zu zeichnen. Insofern ist diese Unklarheit der CDU aus unserer Sicht ein bemerkenswerter Fortschritt.

Auch die SPD hat sich anders als noch vor sechs Jahren mittlerweile mit ihrem Hamburger Grundsatzprogramm vom 28. Oktober 2007 zur Familie geäußert (S. 65):

> Wir orientieren unser Familienbild an der gesellschaftlichen Wirklichkeit. Wir wollen den Menschen kein Lebensmodell vorschreiben. Die meisten Menschen wünschen sich die Ehe, wir schützen sie. Gleichzeitig unterstützen wir andere gemeinsame Lebenswege, nichteheliche Lebensgemeinschaften, gleichgeschlechtliche Lebenspartnerschaften, alleinerziehende Eltern. Alleinerziehende Mütter und Väter bedürfen unserer besonderen Unterstützung. Familie ist dort, wo Kinder sind und wo Lebenspartner oder Generationen füreinander einstehen.

Sich als sehr fortschrittlich empfindende Linke neigen immer noch dazu, Familie für überflüssig zu halten oder kurzerhand alles zur Familie zu erklären – auch dies natürlich bar jeder Einsicht in die Realitäten und nicht weniger ideologisch begründet als konservative Standpunkte.

Familie ist nicht nur Vater, Mutter, Kind

Familie ist und war immer ein Spiegel wie auch Impulsgeber der Gesellschaft. Die Formen familiären Zusammenlebens sind wirtschaftlich und kulturell beeinflusst und bedingt; umgekehrt wirkt Familie, wie auch immer geformt und gelebt, auf die sie umgebende Gesellschaft. Allein die Erwartung, Familie könnte in ihrer Form und Gestaltung, in ihren Aufgaben innerhalb eines gesellschaftlichen Systems stets unveränderlich und gleich bleiben, ist unsinnig. Familie muss sich zwangsläufig auf vielfältige

Weise gestalten, soll sie allen Ansprüchen der jeweiligen Zeit gerecht werden.

Unsere gegenwärtige Gesellschaft verändert sich rasant. Das enorme Tempo allein der technischen Entwicklung führt zu immer neuen Formen der zwischenmenschlichen Kommunikation.

Jedes Wort, das Sie hier lesen, haben wir, die Autoren, über eine Entfernung von 500 Kilometer per E-Mail praktisch ohne Zeitverzögerung miteinander abgestimmt. Wir mussten uns dazu nur wenige Male persönlich treffen, um die genauen Details abzuklären.

Für das konkrete Leben eines Familienvaters mit einer eher 45 denn 38,5 Stunden betragenden Arbeitswoche bedeutet dies, dass es möglich ist, ein Buch zu schreiben und zu überarbeiten, weil der Aufwand überschaubar bleibt; gleichwohl ist es für die Familie eine Belastung: Der Partner und Vater sitzt mehrere Wochen und Monate lang allabendlich für einige Stunden mit dem Laptop auf dem Schoß zwar auf dem Sofa, ist aber dennoch praktisch abwesend. Noch vor zehn Jahren wäre er gar nicht erst in diese Situation geraten, denn ein solches gemeinsames Buchprojekt wäre in dieser Form nicht realisierbar gewesen.

In dem Maße, wie sich Gesellschaft wandelt und entwickelt, wird sich immer auch Familie wandeln und entwickeln müssen. Wir können nicht im Ernst erwarten, dass Familie eine uneinnehmbare Festung bleibt, während rundherum alle Schranken fallen. Eine solche »Stabilität« ist nicht nur unmöglich, auch deren Forderung muss sich enorm schädigend auswirken. Es macht einfach keinen Sinn, mit einem Boot, das für Windstärke fünf ausgelegt ist, gegen Orkanböen anzusegeln. Kein normaler Mensch käme auf eine solche Idee. Familie aber soll sich in ihrer alten, überlebten Form neuen Herausforderungen stellen? Aus unserer Sicht spiegelt sich in dieser Forderung nur die Unfähigkeit der Verantwortlichen in Politik, Wirtschaft und Gesellschaft wider, auf die rasanten gesellschaftlichen Veränderungen angemessen antworten zu können und zu wollen. Gefragt ist nämlich die Übernahme von realer Verantwortung, d. h. die Verpflichtung, auch steuernd einzugreifen. So gesehen ist ein Teil der scharfen Argumentation des Augsburger Bischofs Mixa womöglich vielen Menschen, übrigens auch uns, sympathisch, wenn er sagt: »Wir brauchen eine familiengerechte Politik, und nicht eine arbeitsgerechte Familienpolitik.«

Halten wir nun noch einmal fest: Familie ist erstens etwas anderes und zweitens mehr als Vater, Mutter, Kind.

Definition: Familie

Das hebräische Wort für Familie bedeutet »Vaterhaus«. Im Griechischen hat Familie zu tun mit Wohnhaus, Hausstand, Stamm, Heimat. Laut Brockhaus stammt unser Wort »Familie« aus dem Lateinischen und bedeutet so viel wie Dienerschaft, Hausgenossenschaft, Gesinde. Der französische Begriff *famille* bezeichnet in der Regel größere Gesinde und Lebenseinheiten. Immer hat Familie also mit Haus(stand) zu tun.

Wir tun immer so, als gäbe es die uns vertraute Familienform schon seit Menschengedenken. Bemerkenswert ist allerdings, dass es in der französischen Sprache bis zur Französischen Revolution nicht einmal eine Bezeichnung für unsere Form der Kernfamilie gab: Man brauchte nämlich bis dahin keinen solchen Begriff, weil es schlicht und einfach keine Kernfamilien gab. Natürlich haben Kinder seit jeher eine biologische Mutter und einen biologischen Vater. Bezeichnet man aber als Familie nicht nur die an der Zeugung und Geburt eines Kindes unmittelbar beteiligten Menschen, sondern sieht in ihr die Klammer, die jene Menschen, die in einem häuslichen Rahmen miteinander leben, verbindet, so brauchte man in Frankreich bis ins 18. Jahrhundert hinein den Begriff der Kernfamilie nicht. Die Menschen wohnten in größeren Einheiten zusammen, die Familie war daher mit dem Haus gleichzusetzen.

Die amerikanische Familienhistorikerin Stephanie Coontz verweist zudem darauf, dass das Wort *family* ehemals die Bezeichnung für eine Schar von Sklaven war. Selbst als die Menschen dann begannen, es mit Blutsverwandtschaft und Heirat zu verknüpfen, bezog der Begriff sich noch über viele Jahrhunderte hinweg auf Beziehungen, die auf Autorität statt auf Liebe fußten.

Formen der Familie

In der Regel wird von vier noch heute teilweise existierenden Ausprägungen von Familie gesprochen, wobei diese gewiss nicht alle Typen von Familie einschließen (so sind z. B. eigenständige Familienformen aus China und Japan bekannt).

1. **Die matrilineare Paarungsehe:** Sie ist der »ehelose« Familientyp, welcher der mütterlichen Abstammungslinie folgt.

> Ein Beispiel für diesen Familientyp bietet die Gesellschaft der Trobriander, der Bewohner der gleichnamigen Inseln vor der Ostküste Neuguineas. Hier sind nur Frauen in der Lage, Verwandtschaftsbeziehungen weiterzuknüpfen. Ein Vater gilt daher nicht als Verwandter seiner Kinder; an seiner Stelle nimmt der Bruder der Frau die Rolle des Vormundes ein. Er kann in jedem Fall sicher sein, mit den Kindern seiner Schwester verwandt zu sein. So mancher (vermeintliche) Vater in der westlichen Welt wird darin sicher einen unbestreitbaren Vorteil sehen.

2. **Die matrilineare Elternehe:** Ein wichtiger Unterschied zur matrilinearen Paarungsehe besteht darin, dass der Mann mit der Eheschließung in die Familie der Frau eintritt. Diese Form der Familie finden wir zum Teil noch bei den Patriarchen des Alten Testaments.

3. **Die patrilineare Elternehe:** Die Frau ist hier Besitz des Mannes. Es gilt die Abstammungslinie des Mannes. Dieses Modell liegt der Gesellschaft und den religiösen Gesetzgebungen des Alten Testaments zugrunde.

4. **Die bilaterale Elternehe genannt:** Mann und Frau sind als gleichwertig anzusehen. Es ist dies das im Wesentlichen christliche und katholisch-kirchliche Modell von Familie.

Wie entstand das, was wir heute Familie nennen?

Statten wir kurz dem mittelalterlichen Europa einen Besuch ab. Wer das Buch *Der Name der Rose* von Umberto Eco gelesen oder den gleichnamigen Film gesehen hat, weiß, welche Atmosphäre in dieser Zeit herrschte. Unvorstellbare Not und Elend waren an der Tagesordnung. Die Menschen kämpften gegen Seuchen und eine weltanschauliche Düsternis, die nur vom Teufel selbst gesandt sein konnte. Damals und zu Beginn der Neuzeit war für so etwas wie Intimität kein Platz. Es ging um das nackte Überleben. Die Familie galt als Ort und Einheit des Miteinanders unter einem Dach, dem Schutz in existenzieller und wirtschaftlicher Hinsicht. Die gefühlsmäßige Bindung innerhalb der Familie war von sekundärer Bedeutung. Erst ab dem 15. Jahrhundert entstand langsam die Form der Familie, wie wir sie heute kennen.

Dennoch blieben bis ins 19. Jahrhundert ganze Bevölkerungsgruppen unverheiratet. Zum einen war es ihnen (standes)rechtlich überhaupt nicht möglich zu heiraten, zum anderen waren sie wirtschaftlich nicht in der Lage, sich eine eigene Familie zu leisten. Der Single ist also wahrlich keine Erfindung der postmodernen Gesellschaft.

Zur Zeit der industriellen Revolution wurde die nun so bezeichnete »bürgerliche Familie« zum Ort des Rückzugs, vor allem für den in den Arbeits- und Konkurrenzkampf eingebundenen Mann. Nach der industriellen Revolution, um 1870, hatte die bürgerliche Kleinfamilie allgemeine gesellschaftliche Anerkennung gefunden. Sie war – zumindest in den westlichen Industrieländern – zum Leitbild schlechthin geworden.

Festgefügte Rollen: Brötchenverdiener versus Hausfrau

Besonders bedeutsam zum Verständnis der Diskussion um Familie in Deutschland und in der übrigen westlichen Welt ist in diesem Zusammenhang zweifelsohne, dass die Fünfzigerjahre des 20. Jahrhunderts als die Hoch-Zeit der Familie begriffen werden können. Es sind dies in der damaligen Bundesrepublik die Jahre des Wiederaufbaus, des Wirtschaftswunders, in denen die Werte der bürgerlichen Kleinfamilie zu den Werten der breiten Bevölkerung wurden. Aus dieser Zeit speist sich das Familienideal von heute Zeit; die Kernfamilie, angeführt vom Vater als Brötchenverdiener und der Mutter als Hausfrau, kam zur Blüte. Noch heute ist dieses Bild in sehr vielen Köpfen vorherrschend. Es ist auch deshalb so verlockend, weil wir damit den Traum von der heilen Welt verbinden. Nach den Grauen des Naziregimes und des Zweiten Weltkrieges fanden die Menschen hier ihren Ort der Geborgenheit. Sie bauten im wahrsten Sinne des Wortes ihre Zukunft und ließen sich fallen in eine Form der Familie, die von Gott gesandt schien. Nach dem Erwachen aus der Hölle der Kriegsjahre verknüpften viele Menschen mit dieser privatisierten Gatten-Kleinfamilie, wie die Fünfziger-Jahre-Familie von Soziologen auch genannt wird, wohl so etwas wie das Leben im Paradies. Es schien beständig bergauf zu gehen.

Als jedoch auch die neuen Gesellschaften des Westens in die Krise gerieten, fand die Brötchenverdiener-und-Hausfrau-Familie ein schnelles Ende. Außerdem traten die mit dieser Familienform verbundenen psychologischen Schwierigkeiten bald zutage (künstlerisch wurden diese Probleme übrigens beispielsweise in dem Theaterstück *Tod eines Handlungsreisenden* von Arthur Miller, dem Hörspiel *Fahrerflucht* von Alfred Andersch oder dem Hollywoodstreifen *Denn sie wissen nicht, was sie tun* mit James Dean verarbeitet).

Sie alle wissen, dass heutzutage kaum noch eine Familie der so genannten »Mitte« in Deutschland in der Lage ist, von nur einem Gehalt zu leben; in der Regel werden zumindest eineinhalb Gehälter benötigt, um den Lebensunterhalt bestreiten zu können. Das Bundesfinanzministerium bestätigte in mehreren Veröffentlichungen vom März 2008, dass sich die Lage der Mittelschicht durch eine stetig abnehmende Kaufkraft in den letzten Jahren stark verschlechtert hat. Dies erhöht den Druck beträchtlich, zwei Verdiener haben zu müssen. Es ist daher wenig nachvollziehbar, warum diese verhältnismäßig kurze Periode in der Geschichte der Familie zum anzustrebenden Ideal erhoben wurde.

Inzwischen kennt die aktuelle Familienforschung vier verschiedene Definitionen von Familie.

Der juristische Familienbegriff

Er versteht Familie als eine legalisierte soziale Institution, die unter dem Schutz des Staates steht und von ihm Vergünstigungen erhält. In Deutschland wird rechtlich zwischen »vollständigen Familien« (Vater, Mutter, Kinder) und »unvollständigen Familien« (alleinerziehender Vater mit Kindern oder alleinerziehende Mutter mit Kindern) unterschieden. Dieser Familienbegriff greift unseres Erachtens zu kurz und erweist sich immer wieder, wenn Familien sich bilden, die nicht dem Ideal der »vollständigen Familie« entsprechen, als äußerst problematisch.

Der genealogische Familienbegriff

Familie wird durch das Verwandtschaftsprinzip definiert. Verschwägerte und Blutsverwandte zählen dabei zur Familie, Stiefväter/Stiefmütter, Adoptivkinder, homosexuelle Partner etc. allerdings nicht.

Der religiöse Familienbegriff

In den verschiedensten Religionen stellt Familie die älteste Religionsgemeinschaft dar. Der Vater übt in diesem System kultische Funktion aus. Familie definiert sich hier über Blutsverwandtschaft und den gemeinsamen Besitz spiritueller Kompetenzen. In einem solchen System spielt die Individualität des Familienmitglieds keine Rolle. In manchen quasi-familientherapeutischen Ansätzen, wie etwa dem der zurzeit sehr populären Familienaufstellung des Theologen und Psychotherapeuten Bert Hellinger, erfährt der religiöse Familienbegriff eine überraschende Renaissance.

Der psychologische Familienbegriff

Der Münchner Professor für Familienpsychologie Klaus Schneewind hat sehr viel dazu beigetragen, einen psychologischen Familienbegriff zu entwickeln. Im Mittelpunkt seiner Definition steht ein »gemeinschaftlicher Lebensvollzug«. Dieses Kriterium stellt lediglich ein notwendiges, jedoch noch kein hinreichendes Merkmal für Familie dar. Denn sonst würden das Fitnessstudio, das dreimal in der Woche besucht wird, oder die Arbeitskollegen, mit denen oft mehr Zeit verbracht wird als mit den eigenen Kindern, ebenfalls zur Familie zählen. Hinzu kommt deshalb das Kriterium der »interpersonellen Involviertheit«, wie Schneewind es nennt. Liebe und Streit sind z. B. Zeichen interpersoneller Involviertheit. Des Weiteren zeichnet sich Familie durch folgende Charakteristika aus:

- **Nähe:** Damit ist sowohl physische und geistige als auch gefühlsmäßige Nähe gemeint.
- **Abgrenzung:** Familie muss eine erkennbare Grenze zur restlichen sozialen Umwelt aufweisen, z. B. durch das gemeinsame Verbringen von Zeit, Wohnen etc.

- **Privatheit:** Intimität ist dauerhaft nur in einem klar umgrenzten Lebensraum möglich.
- **Dauerhaftigkeit:** Nur durch längerfristige Bindungen sind wechselseitige Verpflichtung und Zielorientierung möglich.

Wichtig ist bei der psychologischen Familiendefinition, dass sie keine Kinder und Geschlechtervielfalt voraussetzt.

Allein die Existenz der weiter oben beschriebenen vier Formen von Familie wie auch der vier Definitionsmöglichkeiten von Familie bezeugt, dass eine bestimmte naturrechtliche Sicht der Familie unangebracht ist. Eine über die Zeit hinweg konstante, »natürliche« Ordnung der Familie zu propagieren ist unhaltbar und unverantwortlich. Der Wandel der Familienform und damit auch der Wandel ihrer Bedeutung ist letztlich das Normale.

Keine Familie ist gleich

Menschen sind in der Art, wie sie Familie gestalten, sehr kreativ. Nicht immer sind sie damit erfolgreich, doch dies gilt schon immer für alle Formen der Familie.

Ohne dass wir es tatsächlich merken, ohne dass es uns auch nur in Ansätzen bewusst wäre, erzählen wir uns tagtäglich Millionen von unterschiedlichen familiären Geschichten und tun so, als wäre es immer dieselbe. Das ist sie aber nicht. Keine der Familiengeschichten, die wir beispielsweise als Therapeuten in unserem Berufsalltag hören, ist wie die andere. Sicher gibt es immer Beratungssituationen, in denen uns Familien ihre Geschichte erzählen und wir denken: »Huch, das kenne ich doch.« Genauso wird es Ihnen gehen, wenn Sie einmal Ihren Blick in die Bekanntschaft und Verwandtschaft schweifen lassen. Sie werden auf Situationen treffen, von denen Sie schon einmal gehört haben. Gleichwohl: Die Geschichten sind sehr verschieden. Natürlich, Sie alle kennen Paare, die sich getrennt haben, bei denen es in der

Trennungsphase furchtbar zuging, es viel Ärger um die Kinder und ums Geld gab. Dennoch, bei aller Ähnlichkeit, die diese Konflikte aufweisen, sind doch auf jeden Fall die Wege dorthin oft sehr unterschiedlich. Und auch die Konflikte selbst sind bei genauerer Betrachtung meist sehr verschieden.

Genauso verhält es sich mit Beziehungen, die gelingen. Es gibt natürlich einige zu erkennende Geheimnisse dahinter, aber die Dosierung ist bei den einzelnen »Erfolgsrezepten« doch immer eine andere. Bei dem einem Paar ist es wichtig, sich fast nie zu streiten und lieber die Faust in der Tasche zu ballen, beim nächsten ist es gerade von Bedeutung, einem Streit möglichst nicht aus dem Weg zu gehen, sondern die Auseinandersetzung zu suchen.

Wie unterschiedlich Familien sind, hängt auch von ganz grundlegenden und strukturellen Dingen ab. Selbst heute noch gibt es große Unterschiede in der Anzahl der Kinder pro Familie, wenn man z. B. ländliche mit städtischen Regionen oder »Mittelschichtfamilien« mit Familien am unteren Ende des Einkommensspektrums vergleicht. Im Bereich der Jugendhilfe haben wir es zu einem größeren Teil mit Familien zu tun, die am Rande der Gesellschaft leben und wenig oder unregelmäßiges Einkommen durch Erwerbstätigkeit erzielen. Bei Familien mit schwächerem sozialem Status kommen häufig noch andere Umstände hinzu, die das familiäre Zusammenlebenleben erschweren können.

Ines ist zwölf Jahre alt und wird im Rahmen einer Krisenintervention stationär in eine Jugendhilfeeinrichtung aufgenommen. Bei der Suche nach den Hintergründen der Krise kommt eine hochkomplizierte familiäre Konstellation zum Vorschein. Ines ist das dritte von sieben Kindern ihrer Mutter. Die sieben Kinder sind von vier verschiedenen Vätern, wobei die beiden älteren Geschwister 15 und 13 Jahre alt sind und die vier jüngeren neun, fünf, vier und zwei. Frau Weber, die Mutter von Ines, lebt seit sechs Jahren mit Herrn Weber in einer recht glücklichen Ehe zusammen. Die fünf-, vier- und zweijährigen Kinder sind gemeinsame Kinder. Herr Weber ist Maurer und die Woche über oft auf

Montage unterwegs. Zu Beginn hatte er ein hervorragendes Verhältnis zu den Kindern aus den früheren Beziehungen seiner Frau. Vor zweieinhalb Jahren zog der älteste Sohn Lothar nach großen Auseinandersetzungen mit seiner Mutter und speziell dem Stiefvater zum leiblichen Vater und dessen Lebensgefährtin. Nach einem halben Jahr und ebenfalls großen Schwierigkeiten ging er von dort in die Wohngruppe einer Jugendhilfeeinrichtung. Die Probleme mit Ines begannen vor etwa eineinhalb Jahren und spitzten sich gewöhnlich am Wochenende zu, wenn Herr Weber anwesend war. Nachdem Ines gegenüber ihrer Mutter tätlich geworden war, hatte Herr Weber das Mädchen kurzerhand vor die Tür gesetzt.

In einer solchen Konstellation steckt u. a. deshalb enorm viel Sprengstoff, weil so viele unterschiedliche Personen und Geschichten aufeinander treffen. So tragen allein die zahlreich vorhandenen Großeltern (im obigen Beispiel gibt es bei fünf Eltern – Mutter plus vier Väter – logischerweise auch zumindest fünf Großelternpaare) zu einem unüberschaubaren Bild bei.

Halten wir nochmals kurz inne, um die Bevölkerungsentwicklung zu betrachten, so können wir seit Mitte der 1990er-Jahre davon ausgehen, dass etwa 30 bis 40 Prozent der Kinder im Jugendlichenalter nicht mehr in der Familie leben, in die sie hineingeboren wurden. In städtischen Ballungszentren ist diese Zahl mit Sicherheit noch höher. Das ist unsere Realität in Deutschland.

Dieser Wandel im Familienalltag ist eine Antwort auf die Zersplitterung der menschlichen Umwelt heutzutage – eine notwendige Antwort, will Familie ihre Aufgabe als Keimzelle der Gesellschaft angemessen erfüllen. Familie muss sich in ihrer Form so gestalten, dass sie ihre Nachkommen zu kompetenten Mitgliedern der sie umgebenden Gemeinschaft erzieht. Etwas überspitzt formuliert: Ein Kind aus einer gelingenden Patchworkfamilie (Eltern getrennt, wiederverheiratet) kann sicher hochkompetent sein, wenn es darum geht, sich auf dem Arbeitsmarkt der Zukunft flexibel zu verhalten, mit wechselnden Geschäftspartnern und Kollegen stets aufs Neue verbindlich zu agieren. Es könnte sein, dass zukünftig solche Erwachsene, die es seit ihrer Kindheit gewöhnt sind, zwischen verschiedenen Orten (Haushalten) und verschiedenen (Erziehungs-) Personen zu pendeln, einen gewissen Anpassungsvorteil haben werden. Es spricht vieles dafür, die heutigen familiären Muster nicht nur unter negativen Gesichtspunkten zu betrachten, sondern sie im Gesamtzusammenhang unserer Gesellschaft zu sehen.

Was können wir von anderen Kulturen über Familie lernen?

Als die französischen Jesuiten im 16. Jahrhundert in Nordamerika zum ersten Mal auf Montagnais-Naskapi-Indianer stießen, waren sie beeindruckt davon, dass in ihrem Stamm Armut, Diebstahl, Habgier und Gewalt völlig fehlten; indes entsetzten sie die Methoden der Kindererziehung und die Gleichberechtigung zwischen Mann und Frau. Die Kinder wurden von den Erwachsenen nicht geschlagen, wenn sie etwas angestellt hatten. Wer beispielsweise gelogen hatte, wurde ausgelacht, hinausgeschickt oder schlimmstenfalls mit Wasser bespritzt.

Die Jesuiten nahmen sich vor, »zivilisierte« Familiennormen in die Neue Welt einzuführen. Sie versuchten, die Naskapi-Männer von der Notwendigkeit zu überzeugen, ihren Frauen eine striktere Einhaltung sexueller Monogamie aufzuerlegen und ihre »ausufernde Liebe« zu den Kindern dadurch zu mäßigen, dass sie sie u. a. härter bestraften. Ein Missionar verbrachte einen ganzen Winter in einem Montagnais-Wigwam und schrieb in seinem Tagebuch seine Erfahrungen nieder: über seine Versuche, diese Prinzipien zu etablieren, und die unbefriedigenden Reaktionen der Indianer.

> Nachdem ihm bei verschiedenen Gelegenheiten eine Abfuhr erteilt worden war, glaubte der Missionar, endlich ein unwiderlegbares Argument für seine Sicht gefunden zu haben. »Wenn du die Frauen nicht schärfer kontrollierst«, erklärte er einem Naskapi-Mann, »dann wirst du nie sicher sein können, welches der Kinder, die deine Frau gebiert, wirklich zu dir gehört.« Die Antwort des Mannes darauf war: »Ihr Franzosen liebt nur eure eigenen Kinder; wir aber lieben alle Kinder unseres Stammes.«

Ein afrikanisches Sprichwort, welches auch Ursula von der Leyen gern zitiert, lautet: »Es bedarf eines ganzen Dorfes, um ein Kind großzuziehen.« Und tatsächlich, seit mehreren Jahrzehnten vergleichen Forscher das Aufwachsen von Kindern in verschiedenen Kulturen und stellen dabei u. a. sehr auffällige Unterschiede im Schreiverhalten von Babys fest: Aus mehreren afrikanischen Kulturen ist bekannt, dass Babys dort viel seltener schreien als bei uns. Kinder reagieren auf die sie umgebende Umwelt. Selbstverständlich sind sie daher in ihrem Wohlbefinden auch abhängig von der Stimmung um sie herum. Anders als bei uns ist in den beschriebenen Gesellschaften der tägliche Umgang mit dem Kind so geregelt, dass die Erwachsenen nie in Überforderungsstress geraten: Eine Mutter, die überanstrengt ist, gibt ihr Kind ganz selbstverständlich an eine andere Person (Mutter, Schwester etc.) weiter. Wir kennen das auch aus Großfamilien oder z. B. von gemeinsamen Urlauben mit den Großeltern der Kinder.

In unserer Kultur, die geprägt ist von Mobilität, stellt gerade dies eine der großen Schwierigkeiten dar. Viele junge Familien wohnen nicht mit den eigenen Eltern, den Großeltern der Kinder, an einem Ort. Sie haben oft nicht die Möglichkeit, die Kinder abzugeben. Und wenn sie doch an einem Ort leben, so ist eine Vielzahl von Großeltern mittlerweile selbst sehr mobil. Die Betreuung der Enkelkinder geht dann über ein sporadisches Aufpassen am Wochenende oder abends nicht hinaus. Junge Eltern sind mit ihren kleinen Kindern gerade in den ersten drei Lebensjahren, die immer noch eine große Bedeutung für die spätere Entwicklung haben, häufig auf sich allein gestellt.

Beispiel: Kinderbetreuung

Wie sieht die gesellschaftliche Realität von jungen Familien, bezogen auf die Kinderbetreuung, in Deutschland im Jahr 2008 aus? Eltern, die gerade in eher ländlichen Gebieten nicht in Eigeninitiative eine Krabbelgruppe oder mit viel Geld eine Betreuung (Tagesmutter, Kindertagesstätte) organisieren können, müssen – trotz aller politischen Initiativen der letzten Jahre – immer noch fast alles mit sich allein ausmachen. Hier bedarf es weiter eines grundsätzlichen Umdenkens, nicht nur auf gesellschaftlicher Ebene. Wir benötigen langfristig Investitionen in die Betreuung und Erziehung unserer Kinder und funktionierende Strukturen, die ein breites und kompetentes Angebot an Betreuungsmöglichkeiten und vieles mehr bieten. Wir als Eltern sind gefordert, Kinderbetreuung als wirklich wichtige gesellschaftliche Leistung in Anspruch zu nehmen und einzufordern. Informieren Sie sich über Angebote und Unterstützungsmöglichkeiten, z. B. in Ihren kommunalen Einrichtungen vor Ort, beim Bundesministerium für Familie, Senioren, Frauen und Jugend (www.bmfsfj.de) oder über entsprechende Internetforen und -seiten (geben Sie beispielsweise einfach in einer Suchmaschine den Begriff Kinderbetreuung ein und den Namen Ihres Wohnortes ein).

Tragen auch Sie dazu bei, dass Kindererziehung zu einer Aufgabe wird, um die sich ein »ganzes Dorf kümmert«. Eltern brauchen Unterstützung in ihrer immer komplizierter werdenden Aufgabe, sich neben Beruf und Haushalt auch noch hinreichend um ihre Kinder zu sorgen. Es ist Folklore zu glauben, dass in hochkomplexen, ausdifferenzierten Gesellschaftssystemen wie denjenigen der westlichen Industriestaaten diese unterschiedlichen Aufgaben von Familien allein »mit ein bisschen gutem Willen« unter einen Hut gebracht werden können.

Wenn man die Förderung und Unterstützung von und für Familien schon nicht unter dem Schlagwort der gesellschaftlichen Verantwortung diskutieren will, sollte man diese doch wenigstens als höchst ökonomisch im Sinne einer nüchternen Kosten-Nutzen-Rechnung bedenken. Eine flächendeckende, qualifizierte Betreuung kleiner Kinder – der wichtigsten Ressource, die dieses Land besitzt – würde sich sicherlich rechnen. Es ist kaum zu akzeptieren, dass z. B. ein Autoverkäufer weitaus mehr verdient als eine Erzieherin im Kindergarten. Allein die Folgekosten im Bereich der Jugend- und Sozialhilfe sind weiterhin enorm hoch, gerade weil wir eben nicht präventiv tätig sind und junge Familien nicht früh unterstützen. Der Diplompsychologe und Volkswirt Klaus Roos hat in einer Kosten-Nutzen-Analyse 2002 gezeigt, dass sich jeder Euro, der in die Kinder- und Jugendhilfe gesteckt wird, später dreifach rechnet. Er plädiert deshalb dafür, nicht von Kosten für die Betreuung und Unterstützung von Kindern und Jugendlichen zu sprechen, sondern – schlicht aus rein ökonomischem Kalkül – von Investitionen.

Sind nun zwei »Lesben mit einer Anonympulle Sperma im Tiefkühlfach« eine Familie oder nicht? Man mag die Nase darüber rümpfen und sich auf den Schlips getreten fühlen, wenn man hört, dass ein homosexuelles Paar ein Kind großzieht. Sicher ist aber, dass diese Konstellation ebenso wenig eine Garantie für oder gegen eine gelingende Biographie ist wie das Aufwachsen mit leiblichen Eltern. Die Qualität von Familie ist und bleibt abhängig von der Qualität der gelebten Beziehungen, und Familie ist weder notwendigerweise Mutter-Vater-Kind noch per se von Natur aus gut oder schlecht.

Unsere Familienideale: Woher sie stammen und warum wir an ihnen festhalten

Wenn wir besser verstehen wollen, wie sich Familienideale auf unser Familienleben auswirken, dann gelingt dies unserer Ansicht nach am besten, wenn wir

1. einerseits verstehen, wie wir Ideen, Gedanken, Empfindungen und Konzepte über (familiäre) Wirklichkeit und Erfahrung bilden,
2. andererseits nachvollziehen können, wie unser heutiges Familienideal geschichtlich entstanden ist – wenn wir also
3. etwas wissen über (familiäre) Wirklichkeit und Erfahrung.

Der Unterschied zwischen Landschaft und Landkarte

Ein für den Menschen spezifisches Charakteristikum ist die Fähigkeit, darüber entscheiden zu können, wie er empfindet, und über das nachdenken zu können, was er erlebt. Meistens kommt es uns natürlich so vor, als wären unsere Empfindungen und Gefühle automatische Reaktionen auf Ereignisse. Aber dem ist nicht so.

Tonio Kröger, der Protagonist aus Thomas Manns gleichnamiger Novelle, resümiert auf selbstverachtende Weise gegenüber seiner Münchner Künstlerfreundin Lisaweta sein Leben, woraufhin diese ihm erwidert: »Übrigens wissen Sie sehr wohl, dass Sie die Dinge ansehen, wie sie nicht notwendig angesehen werden brauchen. ... Ich sage, dass man sie ebenso genau von einer anderen Seite betrachten kann.«

Morgaine, die Schamanin und Fee in Marion Zimmer Bradleys Fantasyroman *Die Nebel von Avalon* sagt: »Die wahre Geschichte gibt es nie und nimmer. Die Wahrheit hat viele Gesichter, und die Wahrheit ist wie der alte Weg nach Avalon: Es hängt von deinen Gedanken ab, wohin der Weg dich führt.«

Es gibt nicht nur die eine Wahrheit, die eine wahre Geschichte. Vielmehr hängt es von unserer Sichtweise auf die Dinge, auf unsere Erlebnisse und Erfahrungen ab, wie wir sie sehen und bewerten, ob wir sie als richtig oder falsch, gut oder schlecht, gelungen oder gescheitert erleben. Unser Blick, unsere Gedanken und Gefühle, sind nicht lediglich ein Spiegel der Wirklichkeit, sondern ein aktives Mittel zur Gestaltung. Jeder nimmt die Dinge auf ganz eigene Weise wahr – und so gibt es viele Wege nach Avalon.

Doch verlassen wir Avalon, bevor es allzu nebelig wird, und wenden wir uns wieder der Familie zu. Eines der vornehmlichen Ziele und Aufgaben in der psychotherapeutischen Arbeit mit Familien ist die Aktivierung und Anregung unserer Fähigkeit zur Unterscheidung zwischen einerseits unserer Erfahrung und andererseits der gedanklichen und gefühlsmäßigen Bewertung dieser Erfahrung – also, wenn man so will, die Unterscheidung zwischen Landschaft und Landkarte.

Bezogen auf das Leben in einer Familie bedeutet die Metapher von der Landschaft und der Landkarte Folgendes: Die Beschreibung, die wir vornehmen (von der Kommunikation, der Interaktion oder vom Verhalten innerhalb einer Familie) ist die Landkarte. Die tatsächliche Kommunikation und Interaktion sowie das konkrete Verhalten innerhalb der Familie ist die Landschaft. Häufig jedoch reagieren wir nicht auf die Landschaft, sondern auf die Landkarte, also auf unsere Beschreibungen, unsere »inneren Filme«. Die folgende Gesprächssequenz, die für Familientherapien typisch ist, macht dies deutlich; sie entstammt dem sehr lesenswerten Buch *Chaos, Angst und Ordnung* des Osnabrücker Psychologieprofessors Jürgen Kriz (S. 35).

> *Therapeut:* Was haben Sie wahrgenommen?
> *Peter:* Als Ute mich angeguckt hat, die Art, wie sie mich angeguckt hat, wusste ich sofort Bescheid!
> *Therapeut:* Haben Sie gehört, was sie gesagt hat?
> *Peter:* Nein, mir war sowieso gleich klar, was sie sagen würde, wenn sie so guckt!

Jeder von uns würde wohl den Wert einer Landkarte daran messen, inwieweit sie hilfreich ist, sich in der Landschaft zurechtzufinden. So ist das auch mit den Beschreibungen von Verhalten und von Interaktion! Es gibt nützliche, das Verhalten gut erkundende und weniger nützliche, am Verhalten vorbeigehende Beschreibungen. Analysieren wir obige kurze Gesprächssequenz, so können wir feststellen: Peter reagiert gar nicht mehr auf Utes tatsächliches Verhalten und das von ihr Gesagte, sondern nur noch auf seinen »inneren Film«.

Wenn Sie ab und an mit einer Landkarte unterwegs sind, dann wissen Sie, dass Maßstab und Genauigkeit wichtige Faktoren sind. Ein Autobahnatlas, in dem jeder kleine Feldweg eingezeichnet ist und bei dem man alle fünf Kilometer umblättern muss, dürfte kein Verkaufsschlager werden. Genauso wenig hilft ein Autobahnatlas Deutschlands, der aus nur einer Seite besteht, wenn Sie Ihren Weg in einem ganz bestimmten Teil des Landes suchen. Die Landkarte stellt immer nur eine Annäherung an die Landschaft dar.

Auf den Punkt gebracht heißt das: Beschreibungen sollten wir in erster Linie danach bewerten, ob sie nützlich sind, d. h. Lösungen anregen. Dazu zwei Beispiele.

Frau Horn ist eine alleinerziehende Mutter, der es rein materiell betrachtet sehr viel besser geht als vielen anderen Frauen mit Kindern: Sie wohnt für wenig Geld in einer separaten Wohnung im Haus ihrer Eltern. Diese nehmen ihr gern und verlässlich ihren Sohn Jonas ab, wenn sie arbeiten oder abends ausgeht. An den zwei Tagen in der Woche, an denen sie arbeitet, verdient sie sehr viel mehr (tatsächlich!) als manch ein vollbeschäftigter Familienvater. Sie hat einen großen Freundeskreis in der Nähe, zu dem auch Mütter mit Kindern in Jonas' Alter gehören. Trotzdem beklagt sie lange, dass sie weder Haus noch Mann noch Auto hat, wie sie es sich immer erträumt hat. Natürlich hat sie all die Ratgeber für alleinerziehende und getrennt lebende Frauen gelesen. Ab und zu gelingt es ihr sogar, einige dieser Ratschläge zu beherzigen. Dennoch: Das Idealbild von der »heilen Familie« ist stärker als alle guten Ratschläge und Lösungen. Erst nachdem sie sich dafür entscheiden kann, ihre Lebenssituation als die derzeit bestmögliche zu betrachten, und ein tieferes Verständnis dafür gewinnt, warum diese Situation innerhalb ihrer bisherigen Lebensgeschichte gut und nützlich ist, kann sie ihre Situation auch verändern und sich auf einen neuen Partner einlassen.

Indem Frau Horn ihre Lebenssituation in einem anderen Licht sehen und ihr eine andere Bedeutung als die des Scheiterns geben kann, ist es ihr möglich, die realen Möglichkeiten, die in ihrer Lebenssituation liegen, zu nutzen und sich auf eine Zukunft einzulassen. Im folgenden Beispiel geht es im Gegensatz dazu nicht um die Auswirkung der Bewertung einer umfassenden Lebenssituation, sondern um die Einstellung zu einer bestimmten so genannten »funktionellen Störung«, nämlich den Migräneanfällen der 14-jährigen Carola.

Carola kommt wegen wiederkehrender Migräneattacken mit ihren Eltern in unsere familientherapeutische Ambulanz. Sie leidet sehr unter den schmerzhaften Anfällen und wünscht sich nichts sehnlicher, als dass diese nicht mehr auftauchen mögen. In der zweiten familientherapeutischen Sitzung stellen wir dem Kind und den Eltern die Frage: »Mal einfach, als Gedankenspielerei, angenommen, die Migräne wäre für etwas gut und wichtig, es gäbe sozusagen gute Gründe dafür, sie immer mal wieder einzuladen – was könnten wohl diese Gründe sein?« Es stellt sich heraus, dass die Migräne bei Carola als ein vom Organismus perfekt eingerichteter Schutzmechanismus vor zu viel Stress und Überlastung fungiert. Als sich Carola diese Sichtweise aneignen kann, stellt die Migräne für sie, obwohl sie im Verlauf der Therapie nicht völlig verschwindet, kein Problem mehr dar.

Diese Beispiele verdeutlichen, dass ein Perspektivenwechsel – also eine Betrachtung der Landschaft mit Hilfe einer veränderten, nützlicheren, dem Bedarf angepassten Landkarte – häufig eine hilfreiche Voraussetzung dafür darstellt, um sich anders verhalten zu können oder um mit einer Situation besser zurechtzukommen.

Ein Ausflug in die Philosophie und Erkenntnistheorie

Auch wenn die Erkenntnis, dass unsere jeweilige Sicht der Dinge unsere Erfahrung wesentlich beeinflusst, sich innerhalb der Psychologie und Familienforschung erst recht spät durchgesetzt hat (nämlich mit der so genannten »kognitiven Wende« in den 1960er-Jahren), hat das Wissen darüber doch bereits eine lange Tradition.

»Nicht die Dinge selbst beunruhigen uns, sondern die Meinungen, die wir von den Dingen haben«, formulierte schon der Philosoph Epiktet im ersten Jahrhundert n. Chr. Er legte damit den Grundstein für eine Strömung innerhalb der abendländlichen Philosophie und Erkenntnistheorie, die sich über die Jahrhunderte hinweg in verschiedene Schulen und Denkansätze, wie etwa den Konstruktivismus oder die Hermeneutik, ausdifferenzierte. Der Philosoph Immanuel Kant etwa bemerkte in seiner bahnbrechenden Schrift *Kritik der reinen Vernunft* im 18. Jahrhundert, dass »die Vernunft nur das sehen kann, was sie selbst nach eigenem Plan hervorgebracht hat«.

Diese Ansätze gehen davon aus, dass der Mensch aktiv seine Sicht auf die Welt und seine Erfahrung mitgestaltet. Eine Gruppe von Erkenntnistheoretikern, die so genannten »radikalen Konstruktivisten« (zu denen etwa der Sprachwissenschaftler und Psychologe Ernst von Glasersfeld, der chilenische Biologe Humberto Maturana und der Kybernetiker Heinz von Foerster zählen), geht sogar noch einen Schritt weiter. Ihre Grundthese lautet: Die Wirklichkeit als solche ist uns grundsätzlich nicht zugänglich. Erschließbar sind uns lediglich unsere Vorstellungen von der Wirklichkeit.

Auf einem Vortrag anlässlich des European Media Art Festivals in Osnabrück 1994 veranschaulichte Ernst von Glasersfeld den Grundgedanken des radikalen Konstruktivismus mithilfe eines Kugelschreibers, mit dem er gut hörbar auf die Ablage seines Rednerpults tippte. Er erläuterte, dass nicht mehr als dieses binäre Signal aus der Umwelt zu uns »hereinkommen« kann.

Mittels unserer Sinnesorgane empfangen wir Signale aus unserer Umwelt, und unser Gehirn verarbeitet sie zu einem Bild von Wirklichkeit – d.h. wir nehmen nicht die Wirklichkeit an sich in uns auf, nicht die Wirklichkeit an sich »kommt« in uns »hinein«, sondern deren Signale: Wir produzieren also selbst ein Bild, das wir für die Wirklichkeit halten. Weiterhin bedeutet dies, dass eine Person, der weder der Gegenstand Kugelschreiber noch das Klopfgeräusch vertraut sind, ein ganz anderes Bild herstellen wird, z. B. das eines schlagenden Zweiges. Beide Bilder, das des klopfenden Kugelschreibers und das des schlagenden Zweiges, sind Bilder der Wirklichkeit, produziert von verschiedenen Personen und beide – konstruktivistisch gesprochen – auf ihre Art »wirklich«.

Auf die Familie angewendet, heißt das: Solange wir den veränderten familiären Wirklichkeiten nur mit den »Landkarten« unserer Familienideale begegnen, haben wir keine Möglichkeit, deren positive Qualitäten, Chancen und Herausforderungen zu erkennen. Vor dem Hintergrund der gedanklichen »Pläne« unserer althergebrachten Familienideale erscheinen unsere familiären Wirklichkeiten so immer defizitär.

Gleichwohl soll der hier vorgestellte erkenntnistheoretische Ansatz nicht einer Beliebigkeit nach dem Motto »Alles ist möglich« den Mund reden. Es ist für familiäres Glück und Gesundheit außerordentlich wichtig, zu erkennen, »was ist«, und das zu respektieren und sich nicht in Scheinwelten zu flüchten. Wir können uns jedoch – in gewissen Grenzen – entscheiden, was wir über das, »was ist«, denken, was wir empfinden und wie wir uns verhalten wollen.

> Machen Sie doch einmal folgendes Experiment. Bitten Sie eine Person, sich Ihnen gegenüber zu setzen. Nehmen Sie dann ein Buch in die Hand und halten Sie es zunächst mit ausgestreckten Armen vor sich, ohne es zu bewegen. Schauen Sie sich das Buch genau an. Beschreiben Sie alles, was Sie sehen. Halten Sie das Buch weiter so vor sich hin und fordern Sie nun Ihr Gegenüber dazu auf, alles zu beschreiben, was er oder sie sieht, ohne dass Sie das Buch anders halten oder einer von Ihnen den Platz wechselt. Sie werden zwei ziemlich verschiedene Beschreibungen ein und desselben Buches erhalten.

»Banal«, werden Sie jetzt sagen, »wir schauen ja aus ganz unterschiedlichen Blickwinkeln auf das Buch.« Da haben Sie Recht. Dass wir, wenn wir aus unterschiedlichen Perspektiven auf die Dinge schauen, auch etwas anderes sehen, ist eine Binsenweisheit. Bei der Betrachtung und Beschreibung menschlichen Lebens vergessen wir dies allerdings leider immer wieder. Allzu oft und gern tun wir so, als wäre diese Banalität nicht eben doch oft Grundlage aller Missverständnisse und Beziehungsschwierigkeiten.

Woher kommt das moderne Familienideal in unseren Köpfen?

Wir alle kennen das ultimative familiäre Idealbild, entweder aus Kirchen und Museen oder von Abbildungen in Bildbänden, Zeitungen oder auf Postkarten: die Heilige Familie. Maria und Josef betrachten in trauter Verklärtheit das Jesuskind, das entweder in der Krippe oder in Marias Armen schlummert. Viele von uns haben diese Bilder praktisch mit der Muttermilch aufgesogen. Seltsamerweise »funktioniert« dieses archetypische Bild, obwohl ja bekanntermaßen Josef nicht der biologische, sondern der soziale Vater ist und Maria mit dem Jesuskind auch häufig ohne Josef auf Abbildungen zu finden ist.

Denkt man sich nun noch einen zweiten Sprössling zu dieser »heiligen Konstellation« hinzu, dann ähnelt sie verblüffend dem Familienideal der 1950er- und 1960er-Jahre. Dieser eher zufälligen Ähnlichkeit entspringen zwei folgenreiche Missverständnisse:

1. Die privatisierte Gatten-Kleinfamilie, wie wir sie heute noch als überkommenes Ideal in Anlehnung an die bürgerliche Familie des 19. Jahrhunderts kennen, wird direkt oder indirekt zur gottgewollten familiären Ordnung verklärt. Daraus folgt, dass man bei allen anderen davon abweichenden Familienformen immer glaubt, dass sie ein bisschen auf dem Pfad der Sünde wandeln. Als aufgeklärte, liberal denkende Menschen fallen wir aber auf einen solchen Humbug natürlich nicht herein. Oder etwa doch?

2. In unserer kollektiven Vorstellung entsteht eine fiktive Kontinuität der Familienform seit Christi Geburt bis heute, so als hätten zwei Jahrtausende lang die allermeisten Menschen – vielleicht bis auf ein paar »Exoten« in fernen fremden Ländern – in einer Familienform, bestehend aus Mutter, Vater und einer überschaubaren Anzahl von Kindern, vereint gelebt.

In der abendländischen Geschichte erfuhr das Familienideal dieser christlichen »Urfamilie« immer mal wieder verschiedene Renaissancen. Um 1800 etwa (so Sieder 2007, S. 13)

> nach den für viele bedrohlichen Herausforderungen der Aufklärung und der Französischen Revolution, die Freiheit und Gleichheit gefordert haben, (wurde) die christliche Urfamilie von Nazareth überaus populär. Ihre Hauptpersonen bleiben lange Zeit prototypisch: Der Mann geht fleißig seiner Arbeit nach; die Frau sorgt für das Kind und ihren Mann und leidet stumm; das unschuldige Kind zieht alle Hoffnung auf Erlösung auf sich.

Noch heute sind die allermeisten Menschen »beherrscht« vom Familienideal der privatisierten Kleinfamilie, deren Grundschablone die christliche Urfamilie darstellt. Diese Form der Familie hat aber in der Tat nichts zu tun mit den göttlichen »Ordnungen der Liebe«, sondern ist das Produkt eines gesellschaftlichen Veränderungsprozesses, der vor allem von wirtschaftlichen Faktoren bestimmt wurde.

Die Familie von der Antike bis ins Mittelalter

Im ersten Jahrtausend n. Chr. war innerhalb Europas neben der Ehe das Konkubinat, eine Lebensgemeinschaft ohne Eheschließung, die am weitesten verbreitete Familienform.

Wie der Familiensoziologe Norbert Schneider ausführt, waren bei den Germanen im Wesentlichen drei Formen des Zusammenlebens zwischen Mann und Frau bekannt: die Munt-, die Friedel- und die Kebsehe. Bei der Muntehe wurde ein Ehevertrag zwischen den Sippen der Brautleute geschlossen – über deren Köpfe hinweg. Die Friedel- und Kebsehe waren weniger formalisierte und leichter aufzulösende Lebensgemeinschaften. Sie wurden auch unter der Bezeichnung *concubinatus* geführt (sexuelle Ausschließlichkeit war beispielsweise kein eindeutiges Kriterium) und waren bis ins 13. Jahrhundert hinein weit verbreitet.

»Leider Gottes« gingen jedoch auch Priester, Nonnen und Mönche gern Friedel- und Kebsehen ein, was für die Kirchenfürsten aufgrund der damit verbundenen finanziellen, materiellen und wirtschaftlichen Belastungen (man denke an die potenziell zu versorgende Kinder- und Partnerschar) ein immer wachsendes Ärgernis darstellte. Deshalb verboten sie die Friedel- und Kebsehe unter Klerikern. In der Folge übertrug sich dieses Verbot auch langsam auf Nichtkleriker. Um sicherzustellen, dass zukünftig nur noch sexuell exklusive Ehen geschlossen werden konnten, unterstrich die Kirche im 13. Jahrhundert ihren Anspruch auf das alleinige Recht, Eheschließungen vorzunehmen. Auch das war vorher nicht selbstverständlich – im Gegenteil: Zuvor hatte die Kirche keinerlei Einfluss auf das Eheschließungs- und Ehescheidungsgeschehen.

Von der bäuerlichen zur bürgerlichen und Arbeiterfamilie

Die bäuerliche Familie stellte für die Zeit vom Mittelalter bis in die Moderne die am weitesten verbreitete Familienform dar. Basis dieser Familienform war die Muntehe in leicht abgewandelter Form: Die Eheleute schlossen eine Art »Ehevertrag«. Zur bäuerlichen Familie gehörten neben den Eheleuten die Kinder sowie andere Verwandte und Gesinde. Für die genealogische Familie, bestehend aus dem Bauer, seiner Frau und seinen leiblichen Kindern, gab es bis in die Neuzeit hinein keine eigene Bezeichnung. Man musste sich mit Beschreibungen wie »mit Weib und Kind« begnügen.

Die bäuerliche Familie wurde auch als Familie »des ganzen Hauses« bezeichnet. Typisch für diese Familienform war eine hohe Fluktuation ihrer Mitglieder, entweder durch den Tod von Kindern, Eheleuten, Mägden oder Knechten oder deren Weggang aus anderen Gründen. In solchen Fällen wurden weitere Kinder gezeugt, eine neue Bauersfrau ins Haus geholt oder anderes Gesinde eingestellt. Ein besonderes Merkmal dieser Familienform war zudem, dass Familienleben und Arbeitswelt einen untrennbar miteinander verwobenen Komplex bildeten.

Das Beispiel der bäuerlichen Familie verdeutlicht, dass die Erscheinungsform von Familie immer mit den zur jeweiligen Zeit dominierenden wirtschaftlichen Verhältnissen und Produktionsweisen verbunden war. Nur in diesen Verflechtungen ist Familie angemessen zu verstehen. Die Realität bäuerlicher Familien hatte im Übrigen nichts zu tun mit den romantisierenden und verklärenden Vorstellungen von Großfamilien, in denen die Großeltern im gemütlichen Bauernhaus am Kaminfeuer sitzen und der lieben Enkelkinderschar Geschichten erzählen. Die allermeisten Menschen wurden gar nicht so alt wie unsere heutigen Großeltern. Kinder mussten sich zudem spätestens ab dem vierten Lebensjahr in der Landarbeit bewähren.

Mit der Ausbreitung der kapitalistischen Produktionsweise im Zeitalter der Industrialisierung zu Anfang des 19. Jahrhunderts und der damit verbundenen Trennung von Arbeits- und Familienwelt kristallisierten sich zuerst im gebildeten und wohlhabenden Bürgertum (hohe Beamte, Unternehmer und Kaufleute, siehe z. B. die Buddenbrooks) die Vorläufer der heute so beliebten privatisierten Kleinfamilie heraus. Ein besonderes Merkmal dieser Familienform war es, dass Frauen und Kinder von der Erwerbstätigkeit freigestellt wurden, was mit einer völlig neuen Rollenaufteilung der Geschlechter einherging. Die Männer mussten nun im alltäglichen Konkurrenzkampf allein gegen andere Männer bestehen. Frauen wurden vor allem zwei Funktion zugesprochen:

1. **Die Kindererziehung:** In der bäuerlichen Familie wurde die Kindererziehung noch von allen im Hause anwesenden Erwachsenen und älteren Kindern übernommen. Wobei der Begriff »Kindererziehung« in diesem Zusammenhang fast schon ein Euphemismus ist. Das »Lernen am Modell«, wie es psy-

chologisch so schön heißt, also das Abgucken dessen, was Erwachsene tun, war oft das Höchste der Gefühle. In der bürgerlichen Familie wurde die Kindererziehung erstmals allein auf die Frau übertragen. Für die Kleinen wurde die soziale Umwelt damit natürlich irgendwie kuscheliger und spendete plötzlich Geborgenheit. Gleichzeitig setzte jedoch auch die Verklärung der Mutter-Kind-Beziehung mit allen Vor- und Nachteilen ein. Noch heute zaubern Psychotherapeuten, Pädagogen und Politiker eine Hypothese aus dem Hut, der zufolge Störungen und Krankheiten unterschiedlichster Art wie Asthma, Schizophrenie oder Magersucht auf die überbehütende, unterdrückende, lieblose oder konkurrierende Mutter zurückzuführen seien – eine Hypothese, die bisher wahrlich nicht überzeugend wissenschaftlich belegt werden konnte.

2. **Die emotionale Versorgung des Mannes:** Mit dem Aufkommen der kapitalistischen Produktionsweise wurde das Verhalten von Männern untereinander durch vermehrten Wettbewerb und den Einsatz der Ellenbogen bestimmt. Damit einhergehend erhielt die Frau die Funktion und Verantwortung, die Wunden des Mannes, die er aus dem Konkurrenzkampf davongetragen hatte, zu verbinden. Sie wurde der Gegenpol zur rauen Arbeitswelt des Mannes und musste in dieser Funktion Verlässlichkeit, Geborgenheit, Intimität, Vertrauen und Wärme bieten. Die Familie wurde in dieser Zeit in den Stand der heiligen und heilmachenden Institution erhoben. Je stärker sich im öffentlichen Leben kühle Berechnung und Zweckrationalität durchsetzten, desto mehr wurde das Gefühls-, Liebes- und Intimleben in Ehe und Familie verklärt. Auch gegenwärtig argumentieren kapitalistisch orientierte Zeitgenossen, dass die traditionelle Kleinfamilie geschützt werden müsse, wenn nötig durch gesetzliche Regelungen, da das kapitalistische Wirtschaftssystem nicht für sich allein existieren könne und sich ohne die ausgleichende Wirkung der Familie selbst zerstören würde.

Die romantische Liebe und das Kleinfamilienideal

Zum Kleinfamilienideal, das sich in dieser Zeit herausbildete, gehört bis heute der Mythos der romantischen Liebe. Dieser erlebte eine seiner kraftvollsten geschichtlichen Entwicklungsphasen um die Wende vom 18. zum 19. Jahrhundert. Bemerkenswerterweise stellte die romantische Liebe anfänglich zunächst eine ziemlich anarchische, ja bedrohliche Kraft dar, die eigentlich gar nicht in die neuen wirtschaftlichen Ordnungen des kapitalistischen Handels und der damit verbundenen bürgerlichen Familienstruktur passte. Romantische Liebe, so zunächst die Vorstellung, fällt hin, wo sie will und ist unkalkulierbares Schicksal. Genau diese unberechenbare Kraft, die über die Liebenden hereinbricht, scheint diese dazu zu berechtigen, sich im Namen der romantischen Liebe gegen die gesellschaftliche Ordnung und ihre Klassenschranken aufzulehnen. Man denke nur an das bekannteste Beispiel, nämlich Goethes Werther (1774), der als einzigen Ausweg auf die romantische Liebe zu Lotte nur den Freitod sah.

Um die romantische Liebe konstituierend für das Kleinfamilienideal nutzbar zu machen, musste sie also um ihre aufrührerische, umstürzlerische und dunkel-destruktive Komponente gestutzt werden. Genau dies geschah dann auch im 19. Jahrhundert, wie Reinhard Sieder beschreibt (2007, S. 25): »Konversations-Lexika und Ratgeber kehren bald nicht mehr die rauschhafte Gefährlichkeit, sondern die bergende und beruhigende Kraft der Liebe hervor. Nach seinen Geschäften finde, so der Tenor des 19. Jahrhunderts, der rastlos geschäftige Mann bei seiner Ehefrau Ruhe und Geborgenheit: den sprichwörtlichen Heimathafen.« Die romantische Liebe ist, im Gegensatz etwa zu Trennung und Scheidung, keine Universalie, also nicht ein Phänomen, das in sämtlichen Kulturen und Zeiten anzutreffen ist, sondern spezifisch für die Geschichte des Westens.

Warum aber hat die romantische Liebe und der mit ihr verbundene christliche Kult um die Heilige Familie und das Kleinfamilienideal im Westen dauerhafte solch eine Bedeutung? Der Nationalökonom und Soziologe Max Weber hat die romantische Liebe als letzte Bastion mythischen Denkens oder Glaubens in der westlichen Moderne bezeichnet. Man kann es auch einfacher so erklären, dass die immer konkurrenzhaftere, kapitalistische Welt die Menschen regelrecht eingeladen hat, in einer alles heilenden Liebe Geborgenheit und emotionale Sicherheit zu suchen. Der Aufstieg des Bürgertums im 19. Jahrhundert hatte jedenfalls zur Folge, dass dessen Kleinfamilienideal überhöht und zum sozialen, gesellschaftlichen und kulturellen Leitbild wurde. Zunehmend strebten auch Arbeiterfamilien dieses Ideal an.

Von der bürgerlichen Familie zur privatisierten Gatten-Kleinfamilie der 1950er- und 1960er-Jahre

Die bürgerliche Familie war das Vorläufermodell, aus dem sich die privatisierte Gatten-Kleinfamilie der 1950er- und 1960er-Jahre herausbildete. Diese Entwicklung vom späten 19. Jahrhundert bis ins zweite Drittel des 20. Jahrhunderts verlief jedoch keinesfalls ohne Brüche. Zwischen den beiden großen Weltkriegen des letzten Jahrhunderts, in den 1920er- und 1930er-Jahren, gab es sowohl in Nordamerika als auch in Europa eine Phase, in der Frauen wieder vermehrt einer Erwerbstätigkeit nachgingen und weibliche Biographien jenseits des bürgerlichen Familienideals verliefen. Auch nach dem Zweiten Weltkrieg erfuhren die politischen und wirtschaftlichen Rahmenbedingungen Veränderungen, ohne die die privatisierte Gatten-Kleinfamilie sich überhaupt nicht hätte konstituieren können. Zwei Momente waren hierbei ausschlaggebend:

1. **Die Sehnsucht nach der heilen Welt als Reaktion auf die Hölle des Zweiten Weltkriegs:** Nach der humanen Katastrophe des Zweiten Weltkriegs sehnten sich die Menschen verständlicherweise nach Geborgenheit und Idylle – sie suchten und fanden sie im Leitbild der bürgerlichen Familie. Wie schon im 19. Jahrhundert wurde die Familie zum Hort der Ruhe und Si-

cherheit, diesmal als scheinbar »paradiesische« Antwort auf die Hölle des Zweiten Weltkriegs.

2. **Ein außergewöhnliches Wirtschaftswachstum:** Aufgrund des exorbitanten Wirtschaftswachstums in den beiden Jahrzehnten nach dem Zweiten Weltkrieg konnten es sich viele Menschen leisten, schon sehr früh eine Familie zu gründen. Arbeitsstellen gab es in Hülle und Fülle, Wohnraum stand billig zur Verfügung, und mit einem einzigen Einkommen konnte in der Regel eine Familie gut ernährt werden. Noch niemals zuvor waren so viele Menschen einer Generation – und zudem in so jungen Jahren – wirtschaftlich dazu in der Lage zu heiraten wie in der Generation der zwischen 1930 und 1945 Geborenen (90 Prozent dieser Generation nahm diese Möglichkeit auch wahr).

Warum unser Familienideal unglücklich machen kann

Die Grundpfeiler der bürgerlichen Familie des 19. Jahrhunderts und der privatisierten Gatten-Kleinfamilie der 1950er- und 1960er-Jahre haben sich tief in unsere Köpfe und Herzen eingegraben. Ungeachtet der Emanzipationsbestrebungen der Frauenbewegung und der Entwicklung alternativer Lebensformen sowohl im 19. als auch im 20. Jahrhundert charakterisieren sie das (post)moderne Kleinfamilienideal, das die Mehrzahl der Menschen auch zu Beginn des 21. Jahrhunderts für erstrebenswert erachtet. Folgende drei Merkmale sind dabei grundlegend:

- die Zuständigkeit der Ehefrau für die Privatsphäre (emotionale Aspekte, Kindererziehung) und die des Ehemanns für das Erwerbsleben,
- romantische Liebe als ehestiftendes und -erhaltendes Motiv,
- der zentrale Stellenwert der Kinder und ihrer Erziehung.

Viele Menschen leben nach diesem Familienideal und sind damit mehr oder weniger glücklich und zufrieden. Es gibt jedoch auch eine ganze Reihe von Menschen, die mit diesem Familienideal entweder nicht glücklich und zufrieden sind oder ihm nicht entsprechen.

Aber selbst wenn Menschen neue Familienformen (wie etwa Patchworkfamilien) gründen, die sich nicht mehr an diesem Familienideal orientieren, dann führen sie die darin auftretenden Schwierigkeiten auf die Abweichung von den drei zentralen Motiven des Familienmythos zurück: als da wären die dauernde Liebe, die Leiblichkeit der Elternschaft und das gemeinsame Dach. So wirkt der Familienmythos genau dann, wenn eigentlich Beruhigung und Stärkung vonnöten wäre, beunruhigend und schwächend.

Aus eben diesem Familienideal speisen sich auch einige typische Vorstellungen von Familie, die aufgrund ihrer Unrealisierbarkeit in vielen Einzelfällen das Leben erschweren und uns unglücklich machen können. Der Heidelberger Familientherapeut und Professor für Medizinische Psychologie Jochen Schweitzer hat in diesem Zusammenhang die folgende typischen Vorstellungen ausgemacht:

- »**Kinder brauchen eine Vater-Mutter-Kind-Familie**«: Wie wir noch sehr ausführlich zeigen werden, sagt die Familienform überhaupt nichts über das Glück oder Unglück der in ihr lebenden Menschen aus.
- »**Familien brauchen ein Heim**«: Es gibt keinen Beleg dafür, dass es Kindern schadet, an zwei oder mehr Adressen zuhause zu sein. Entscheidend für das Wohlergehen der Kinder ist die Qualität der Elternbeziehung, unabhängig davon, ob die Eltern getrennt oder zusammen leben.
- »**Familien brauchen Zeit füreinander**«: Es ist sicher eine besorgniserregende Entwicklung, dass immer mehr Menschen (vor allem im Dienstleistungssektor) auch an Wochenenden –

samstags bis 22 Uhr – arbeiten müssen. Gleichwohl ist es wichtig festzuhalten, dass nicht die Menge der miteinander verbrachten Zeit, sondern die Innigkeit und emotionale Verbundenheit der gelebten Beziehung ausschlaggebend für deren Qualität ist.

- **»Alleinerziehende Familien sind unvollständige Familien«:** Diese Idee macht u. a. glauben, Jungen könnten nicht auch von Müttern lernen, sich später als Männer im Leben zu behaupten, einer Arbeit nachzugehen oder eine Bohrmaschine zu benutzen. Das ist Unsinn – zudem gibt es im Umfeld alleinerziehender Mütter durchaus Männer, die Kindern als Vorbild dienen könnten.

- **»Kinder brauchen heterosexuelle Eltern«:** Es gibt keinerlei Hinweise darauf, dass Kinder, die mit homosexuellen Eltern aufwachsen, später auf irgendeine Weise sozial auffällig würden. Sie zeigen, verglichen mit Kindern aus traditionellen Konstellationen, keine Unterschiede hinsichtlich ihrer sexuellen Orientierung oder hinsichtlich psychiatrischer Störungen (siehe dazu die eindrücklichen Arbeiten des Baseler Psychologieprofessors Udo Rauchfleisch).

- **»Eltern sollten einander lieben«:** Es ist schön, wenn sie es tun, aber romantische Liebe allein ist keine ausreichende Voraussetzung für eine gut funktionierende Familie.

- **»Eltern sollten mit ihren Kindern zusammenleben«:** Mitunter, wenn Eltern überhaupt nicht mehr weiter wissen, ist es die verantwortungsvollere Lösung, die Kinder von anderen Personen erziehen zu lassen, sie z. B. befristet in Tagesgruppen unterzubringen. Dies soll kein Plädoyer dafür sein, Kinder schnell abzugeben, wenn sie Schwierigkeiten machen! Allerdings sollten auch Eltern lernen, selbstkritisch eigene Grenzen zu erkennen und zu akzeptieren.

Zusammenfassung

Offenbar ist heute weit und breit keine gesellschaftliche Alternative in Sicht, die ebenso viel Geborgenheit und Sicherheit verspricht wie das traditionelle Kleinfamilienideal. Ursache dafür ist jedoch nicht das Fehlen alternativer Realitäten, sondern das Beharren auf alten Vorstellungen. Wir werden mit veränderten familiären Wirklichkeiten konfrontiert und neigen dazu, auf althergebrachte Landkarten von Familie zurückzugreifen, anstatt zunächst zu schauen, ob sie überhaupt noch aktuell, hilfreich und nützlich sind. Könnten wir die alten Pläne und Karten von Familie einen Moment lang vergessen, dann würden wir vielleicht entdecken, dass die veränderten familiären Wirklichkeiten gar nicht so unwegsam und labyrinthisch sind, wie wir meinen. Wir könnten vielleicht sogar beginnen, neue Landkarten zu entwerfen – Landkarten, die der veränderten Familienlandschaft eher entsprechen, uns beim Navigieren gute Dienste erweisen und uns zu Sehenswürdigkeiten, idyllischen Plätzen und auf Abenteuerrouten führen, die in den alten Landkarten überhaupt nicht verzeichnet sind. Für den Einzelnen wie auch für jede Familie folgt daraus, dass es durchaus lohnend sein kann, sich eben nicht blind auf vorgeschlagene Routen zu verlassen, sondern einen ganz eigenen Weg zu gehen und neue Pfade und Erfahrungen zu neuen oder auch gleichen Zielen zu erkunden.

Familiäre Wirklichkeiten heute

Familiäre Wirklichkeit hat sich in den letzten Jahrzehnten zweifelsohne verändert: Alternative Lebensformen haben sich entwickelt und Verbreitung gefunden. Hierzu hat u. a. ein Wandel in der gesellschaftlichen Sexualmoral beigetragen.

Noch 1954 ahndete der Bundesgerichtshof vorehelichen Geschlechtsverkehr zwischen Verlobten auf der Grundlage des »Kuppeleiparagraphen« strafrechtlich. Heutzutage gilt jemand, der vor der Ehe noch keinen Genitalsex hatte, entweder als moralisch-religiös übersteuert, fast schon minderbemittelt oder doch zumindest als irgendwie seltsam. Das Zusammenleben ohne Trauschein (Kohabitation), das noch in den 1950er-Jahren kaum möglich war, stellt seit den 1970er-Jahren eine immer beliebter werdende Lebensform dar. Im Zeitraum von 1990 bis 2000 stieg in Amerika die Anzahl der Paare ohne Trauschein um 71 Prozent an, so eine Studie des amerikanischen Professors für Familienrecht Lynn Wardle.

Aufgrund des 1935 verschärften Paragraphen 175 des Reichsstrafgesetzbuches, des so genannten »Schwulenparagraphen«, wurden homosexuelle Männer in der NS-Diktatur in Konzentrationslager deportiert und umgebracht. Erst 1994 (!) wurde die strafrechtliche Verfolgung von Männern aufgrund homosexueller Kontakte in der BRD gänzlich abgeschafft. Noch 1980 hatte Bundeskanzler Helmut Schmidt auf eine dahingehende Initiative der FDP im Bundestag geantwortet: »Da müssen Sie sich einen anderen Koalitionspartner suchen.« Heute existiert in jeder Großstadt Deutschlands eine homosexuelle Subkultur mit Vereinen, eigenen Lokalitäten, kulturellen Einrichtungen und Veranstaltungen (Berlin hat gar einen homosexuellen Bürgermeister). Und in den vergangenen Jahren wurde gar die Ehe zwischen

Homosexuellen in der breiten Öffentlichkeit diskutiert – lange Zeit undenkbar!

Buntes Familienallerlei

Die bunte Entwicklung familiärer Lebensformen schlägt sich bezeichnenderweise in einer großen Anzahl von Begriffen für Familienformen nieder, wie sie aktuell in den Medien und in der Fachliteratur Verwendung finden. Da ist die Rede von Zwei-Eltern-Familien, kinderlosen Ehepaaren, Alleinstehenden, bikulturellen Familien, Commuter-Ehen, Ein-Eltern-Familien, Patchworkfamilien, Single-Mamas oder -Papas, Alleinwohnenden, Partnerschaften mit getrennten Haushalten, Shuttle-Paaren, Mehr-Generations-Familien, biologischen Kernfamilien, Married Singles, Teilzeitehen, Two Location Families, Adoptivfamilien, Inseminationsfamilien, traditionellen Familien, Zweitfamilien, Pflegefamilien, Alleinerziehenden, Singles, Fortsetzungsfamilien etc.

Teilweise werden unterschiedliche Bezeichnungen synonym für dieselbe familiäre Konstellation verwendet (z. B. Ein-Eltern-Familie und alleinerziehend). Zum Teil markieren unterschiedliche Begriffe jedoch auch feine Differenzen: Eine Alleinerziehende ist nicht automatisch eine »Single-Mama«. Sie kann einen Freund haben, ohne deshalb bereits eine Patchworkfamilie gegründet zu haben (gleichzeitig ist der Begriff *single mama* die gebräuchliche englische Übersetzung für »Alleinerziehende« – so verwirrend können Bezeichnungen alternativer Familienformen sein).

Aus der obigen Auflistung ist allerdings nicht zu schließen, dass Familien in der Vergangenheit weniger komplex und variantenreich waren als heute. Tatsächlich war das familiäre Leben, wie im vorigen Kapitel aufgezeigt, sehr viel unvorhersehbarer als heute. Ungeplante Schwangerschaften, der Tod von Kindern oder eines Elternteils und die damit verbundenen Neuorganisationen in Ein-Eltern-Familien, Patchworkfamilien, Mehr-Generations-Familien etc. kamen noch im 19. Jahrhundert viel häufiger vor als heutzutage; sie standen buchstäblich auf der Tagesordnung.

Eine Aufstellung zuverlässiger Statistiken zur aktuellen Verbreitung der verschiedenen Familienformen in der Gesamtbevölkerung ist sehr schwierig. Da alternative Familienformen häufig noch diskriminiert und abgewertet werden (trotz der Menschenrechtsverliebtheit in den Bürgergesellschaften der westlichen Industriestaaten), verheimlichen Familienmitglieder ihre Familienform und antworten in Befragungen sozial erwünscht. Interessengruppen unter- bzw. überschätzen absichtlich oder unbeabsichtigt die Statistik. Am Beispiel der gleichgeschlechtlichen Partnerschaften sei dies im Folgenden gezeigt.

Soll der Anteil homosexueller Männer in der Gesamtbevölkerung ermittelt werden, so bieten sich zwei Fragestellungen an: Einerseits kann man nach gleichgeschlechtlichen Geschlechtskontakten im letzten Jahr fragen. Andererseits kann man sich direkt danach erkundigen, ob ein Mann sich als schwul versteht. Beide Methoden ergeben ungefähr gleiche Ergebnisse, wie der Chicagoer Soziologe Edward O. Laumann in Studien Mitte der 1990er-Jahre zeigen konnte: 2,7 Prozent der Männer in den USA geben an, gleichgeschlechtlichen Geschlechtsverkehr im letzten Jahr gehabt zu haben, 2,8 Prozent der Männer definieren sich selbst als homosexuell. Es ist davon auszugehen, dass diese Angaben auf Deutschland übertragbar sind.

Diese Zahlen entsprechen jedoch keineswegs dem tatsächlichen Anteil schwuler Männer in der männlichen Gesamtbevölkerung der USA. Es wird geschätzt, dass die Dunkelziffer bei ungefähr einem Drittel liegt, was bedeutet, dass die ermittelten Zahlen nach oben korrigiert werden müssen. Sie liegen damit jedoch immer noch deutlich niedriger als der durch den Kinsey-Report in den USA festgestellte Bevölkerungsanteil Homosexueller in Höhe von zehn Prozent. Diese Zehn-Prozent-Marke wird auch von schwulen Interessengruppen herangezogen, um ihre Belange durchzusetzen. Es ist also wichtig, sich nicht nur auf die Angaben von Interessengruppen zu verlassen, will man sich ein realistisches Bild über die gesellschaftliche Verteilung von Lebensformen machen.

Außerdem hängen die Statistiken stark von der Definition von Homosexualität ab. Aus einem amerikanischen Sexreport wissen wir, dass sich rund zehn Prozent aller Männer »zu einer Person desselben Geschlechts hingezogen fühlen« bzw. »gleichgeschlechtlichen Verkehr reizvoll finden«. Neun Prozent der Männer haben es irgendwann auch ein Mal oder öfter getan. Sollten diese Männer in die Definition mit einbezogen werden oder nicht?

Uns ist wichtig, Sie für das Problem der Auslegbarkeit der in den Medien herumschwirrenden Statistiken zu den verschiedenen Familienformen zu sensibilisieren. Noch wichtiger aber ist, deutlich zu machen, dass statistische Häufigkeit nicht das ist, was wirklich zählt. Vielmehr geht es darum, den verschiedensten familiären und familienähnlichen Alternativen Lebensraum und Respekt zu gewähren.

Letzteres ist u. a. Aufgabe der Familienpolitik (auch wenn es politisch immer noch en vogue ist, vieles der Selbstverantwortung der Bürger und Familien zu übertragen). Beispielsweise sind in den skandinavischen Ländern 80 Prozent der jungen Mütter berufstätig. Es werden dort genügend finanzielle Mittel zur Betreuung kleiner Kinder bereitgestellt. Deutschland hingegen bildet immer noch das europäische Schlusslicht, was Betreuungsplätze vor allem für Kleinkinder angeht. In Deutschland übersteigt der Anteil von Hausfrauen unter jungen Frauen bei weitem die tatsächliche Bevorzugung dieser Lebensform, d. h. viele Frauen müssen sich ungewollt aufgrund fehlender qualifizierter Kinderbetreuungsplätze mit der Rolle der Hausfrau begnügen. Der Soziologe Peter Strohmeier stellt fest, dass der in Deutschland nach wie vor traditionell orientierte Familiensektor das »Produkt besonderer struktureller Rücksichtslosigkeit von Politik, Wirtschaft und Teilen der Gesellschaft gegenüber Familie« ist.

Ein weiteres Beispiel: In Deutschland wurde zum 1. Januar 2002 in Teilen des öffentlichen Dienstes der Sonderurlaub (bisher ein Tag) für Väter bei der Geburt eines eigenen Kindes abgeschafft. In Frankreich hingegen wurde im Jahre 2000 ein Gesetz verabschiedet, das berufstätigen Vätern nach der Geburt ihres Kindes 14 Tage Sonderurlaub garantiert. Deutsche Väter erhalten keinen Sonderurlaub für die Geburt ihrer Kinder. Das sagt doch alles, oder?

Die Entscheidung für Kinder ist in Deutschland oftmals immer noch gleichbedeutend mit der Übernahme traditioneller Rollenmuster. Natürlich gibt es viele Familien, die sich mit den gesellschaftspolitischen Rahmenbedingungen gern und gut einrichten: Der Mann verdient den finanziellen Lebensunterhalt der Familie, und die Frau kümmert sich um Kind und Haushalt. Dagegen ist auch gar nichts einzuwenden, zumal es sich wie selbstverständlich anbietet! Problematisch wird die familiäre Situation allerdings, wenn das traditionelle Familienmodell scheitert – dann stehen keine alternativen gesellschaftspolitisch gesteuerten Rahmenbedingungen zur Verfügung, die im Notfall wirklich hilfreich sind.

Im Folgenden befassen wir uns eingehender mit den derzeit in Deutschland am häufigsten verbreiteten Familienformen – mit der Zwei-Eltern-Familie, der Ein-Eltern-Familie und der Patchworkfamilie –, wobei wir mit dieser Auswahl ausdrücklich weder eine Negierung noch eine Entwertung anderer Familienformen beabsichtigen. Unser Anliegen ist es, Sie sowohl auf die in diesen Familienformen auftretenden Probleme und Schwierigkeiten als auch auf deren Herausforderungen und Chancen aufmerksam zu machen.

Die biologische Kernfamilie: Ist Blut dicker als Wasser?

Zum Begriff der »Kernfamilie« und ihrer Häufigkeit

Unter einer Kernfamilie verstehen wir eine Konstellation, in welcher die Kinder mit ihren leiblichen Eltern in einem Haushalt leben. Über den Anteil dieser Familienform an der Gesamtheit aller Familien in Deutschland gibt es sehr unterschiedliche Angaben. Mit Sicherheit sagen lässt sich zumindest, dass immer mehr Kinder »nichtehelich« sind. Hier hat sich laut Statistischem Bundesamt innerhalb von elf Jahren (1995–2006) der Anteil von 16 auf 29 Prozent erhöht. 1966 waren es noch knapp 6 Prozent. Die Zahlen sind hier sehr unübersichtlich. Es macht allerdings in der Gesamtschau durchaus Sinn davon auszugehen, dass zwischen 70 und 80 Prozent der Kinder in einem Haushalt mit ihren Eltern leben.

Der Erziehungswissenschaftler Matthias Petzold hingegen formuliert, dass die klassische Vater-Mutter-Kind-Familie in Deutschland nicht mehr die häufigste Familienform darstellt. Den größten Anteil aller Privathaushalte nehmen Single-Haushalte, den zweitgrößten Familien mit Kindern ein (und nur ein Teil dieser Kinder lebt mit beiden leiblichen Eltern zusammen). Diese Angaben passen zu dem Befund, dass der Anteil jener Erwachsenen in Deutschland, die einen Haushalt mit Ehepartnern und Kind(ern) führen, im Jahr 2003 nur noch 28 Prozent betrug (1996: 32 Prozent), mit weiter fallender Tendenz (siehe dazu auch die Broschüre *Die Familie im Spiegel der amtlichen Statistik*, die kostenlos über das Bundesministerium für Familie, Senioren, Frauen und Jugend bezogen und unter www.bmfsfj.de/Kategorien/Publikationen/Publikationen,did=3122.html heruntergeladen werden kann).

Wie passen diese Zahlen nun mit der Tatsache zusammen, dass derzeit jede zweite bis dritte Ehe geschieden wird? Dazu gilt es Folgendes festzuhalten: Nicht selten werden Scheidungen in kinderlosen Ehen vollzogen. Etwa die Hälfte der Scheidungen betreffen Kinder, wobei erstmals seit 2002 im Jahre 2005 hier ein leichter Rückgang zu erkennen ist. Außerdem trennt sich eine ganze Reihe von Paaren erst, wenn die Kinder das Elternhaus bereits verlassen haben.

Uns ist sehr wohl bewusst, dass viele auf den ersten Blick traditionell geformte Familien (Vater, Mutter, Kind) sicher überhaupt nicht einem überkommenen Ideal nacheifern und daran kranken oder leiden, sondern sich den aktuellen Herausforderungen des Arbeits- und Alltagslebens sehr angemessen stellen. Also gilt auch hier: Die Form sagt noch lange nichts über den Inhalt aus.

Besondere Herausforderungen und Chancen biologischer Kernfamilien

Seit mehreren Jahren überschwemmt eine Flut von Erziehungs- und Beziehungsratgebern den deutschen Buchmarkt. Unter diesen befindet sich jedoch kaum ein Buch, das speziell Mutter-Vater-Kind-Familien Hilfestellung bietet, obgleich diese Familienform doch nach wie vor von vielen Menschen bevorzugt wird (eine rühmliche Ausnahme bildet hier das im Frühjahr 2008 erschiene Buch *So gelingt Familie* von Eia Asen). Dieser Befund spricht für sich selbst: Offenbar gehen wir stillschweigend davon aus, dass traditionelle Kleinfamilien, geformt nach dem Ideal, auch selbstverständlich unkompliziert und problemlos zusammenleben und sozusagen ideal funktionieren.

Die Form des Zusammenlebens, wie sie für die traditionelle Kleinfamilie typisch ist, birgt jedoch viele Herausforderungen und Chancen, und natürlich auch einige Fallen:

Beziehung ist nur mit realen, sich verändernden Menschen möglich

Eine verhängnisvolle Falle für traditionelle Familien besteht darin, nicht mehr mit dem Partner oder den Kindern in lebendiger Beziehung, sondern nach festgefügten Bildern zu leben. Grundsätzlich können natürlich alle Familien in diese Falle geraten, in Kernfamilien ist die Gefahr allerdings umso größer, weil sie dem Familienideal so nahe sind. Die Versuchung, den inneren Hollywoodfilm vom Familienidyll ablaufen zu lassen und die anderen Familienmitglieder als Leinwand für dieses Movie zu (be)nutzen, ist in der traditionellen Kleinfamilie einfach größer. Je nach persönlicher Vorliebe und familiärer Vorerfahrung ist der Film eher konservativ getönt, spielt im vermeintlich alternativen Milieu oder setzt den sehnsuchtsvollen Traum des kleinen Kindes in uns endlich in Szene.

Nicht selten verlieren diese Bilder das Wichtigste aus dem Blick: die realen, sich verändernden Menschen. Wissen Sie, wie es Ihrem Partner und Ihren Kindern zurzeit wirklich geht? Welche Gedanken und Gefühle beschäftigen die einzelnen Mitglieder Ihrer Familie momentan? Welche Visionen haben sie davon, wie sie in zwei oder fünf Jahren mit wem, wo und wie leben möchten? Wie zufrieden ist Ihr Partner mit seinem Leben, seinem Beruf, seiner Familie? Wie zufrieden fühlen sich Ihre Kinder in der Schule, mit ihren Freunden und der Familie? Welche Bedürfnisse und Träume haben die einzelnen Familienmitglieder? Wie möchte Ihr Partner alt werden? Welche Vorstellungen haben Ihre Kinder von ihrer beruflichen und privaten Zukunft? Wie geht es Ihrem Partner in seiner Beziehung mit Ihnen? Welche Vorstellungen haben Ihr Partner und Ihre Kinder vom Leben nach dem Tod und vor der Geburt? Was macht wem in Ihrer Familie so richtig Spaß? Was bereitet Ihnen als ganze Familie große Freude? Was befriedigt die einzelnen Menschen in Ihrer Familie? Wissen Sie, wofür es sich für Ihren Partner lohnt zu leben? Worin sehen die

Mitglieder Ihrer Familie den Sinn in ihrem Leben? Inwiefern ist die Stimmung in Ihrer Familie heute eine andere als gestern?

Verkrustete Rollenverteilungen und der Wunsch nach Veränderung

Eine weitere Falle für traditionelle Kleinfamilien ist das fast automatische und schleichende Abgleiten in »chronifizierende« Rollenverteilungen. Letztlich geht Papa – obwohl ursprünglich anders geplant – doch ganztags arbeiten, und Mama kümmert sich, weil es einfach praktischer ist, um die Kinder. Das scheint verständlich und völlig legitim. Abends nach der Arbeit ist Papa erschöpft – auch verständlich. Und am Wochenende muss er sich von der stressigen Arbeitswoche ausruhen. Die Kinder bleiben, wie üblich, mehr oder weniger an Mama kleben. So ist das eben.

Ähnlich verhält es sich mit dem Thema Erziehungsurlaub, seit neuestem Elternzeit genannt. Die hätte Papa total gern übernommen, ehrlich. Aber es ist doch besser, wenn er im Job bleibt – bei der momentanen Lage auf dem Arbeitsmarkt kann sich keiner ein Risiko leisten. Schön, dass sich das nun mit dem Anfang 2007 eingeführten Elterngeld wirklich ein wenig ändert und dieses weitaus mehr Väter als gedacht in Anspruch nehmen.

Auch hier gilt wieder: Wenn Mann und Frau sich mit ihrer Lebenssituation wohl fühlen, dann steht alles zum Besten. Denn eine der wichtigsten Prämissen der Familientherapie lautet: Wenn etwas gut funktioniert, dann behalte es bei! Schwierig wird es allerdings, wenn Rollenverteilungen sich so verfestigt haben, dass, sobald eine Veränderung gewünscht wird, eine Umorientierung als nicht möglich oder als für den Zusammenhalt und das Funktionieren der Familie bedrohlich angesehen wird.

Natürlich besteht auch in anderen Familienformen die Gefahr eingefrorener Rollenverteilungen, nach unserer familientherapeutischen Erfahrung jedoch bei weitem nicht in demselben Ausmaß wie in der traditionellen Kleinfamilie. Für diese ist die konservative Rollenverteilung konstituierend. Tatsächlich scheitern die ansonsten sehr scheidungsrisikoarmen traditionellen Ehen gerade dann, wenn feste Muster der Rollenverteilung aufgeweicht werden.

Die Welt jenseits der Familie

Traditionelle Zwei-Eltern-Familien vergessen gern, dass es noch eine Welt jenseits der eigenen Familie gibt: Nachbarn, Freunde, Möglichkeiten und Verantwortungen, Träume, Projekte – und vor allem andere Eltern.

Der englische Soziologe Frank Furedi beobachtet in seinem Buch *Die Elternparanoia* einen massiven Zerfall der Erwachsenensolidariät in unseren westlichen Gesellschaften. Erwachsene kümmern sich nur noch um ihre eigenen Kinder: Wenn sie beispielsweise andere, fremde Kinder in Konfliktsituationen sehen, bleibt keiner von ihnen stehen, um zu vermitteln oder einzugreifen. Sie zeigen kein Interesse daran, andere Kinder zu inspirieren, zu erziehen oder spontan deren Eltern auszuhelfen. Eine Folge davon ist, so Furedi, dass Eltern schließlich andere Erwachsene nicht als vertrauenswürdig, sondern als potenziell suspekt und gefährlich empfinden.

Unsere Überzeugung ist: Wer nur die eigenen Schäfchen ins Trockene bringen möchte, nur an seine eigene Familie denkt, setzt diese aufs Spiel. Leben ist Entwicklung. Entwicklung aber, und das gilt eben auch für Familie, ist ohne Impulse von außen nicht möglich. Kontakte, Anregungen, Auseinadersetzungen mit der Umwelt sind zwingend erforderlich, um sich selbst und als Familie weiterzuentwickeln. Gerade auch bezogen auf die gute, gelingende Verbindung von Familie und Beruf zeigen sich traditionelle Familien häufig besonders überfordert. Sie verfügen über kein stützendes Netzwerk. Denn es ist gerade ein funktionierendes soziales Netz, das vor Burnout schützt und das familiäre Immunsystem stärkt.

Wie glücklich sind Kinder in biologischen Kernfamilien?

Häufig wird mit großer Selbstverständlichkeit davon ausgegangen, dass es natürlich das Beste für die Kinder sei, mit beiden Elternteilen gemeinsam in einem Haushalt aufzuwachsen. Doch ist das wirklich so? Die Forschung sagt Nein. Eindeutig. Kindern geht es dann gut, wenn es ihren Eltern oder Bezugspersonen mit sich selbst und miteinander gut geht – und wenn sie regelmäßig Kontakt zu beiden Elternteilen pflegen können, unabhängig davon, ob diese getrennt oder zusammen leben.

Die wissenschaftlichen Befunde von so renommierten Scheidungsforschern wie Paul Amato und Mavis Hetherington zeigen auf der einen Seite, dass es Kindern in Familien mit glücklich verheirateten Eltern im Durchschnitt besser geht als Kindern geschiedener Eltern. Sie zeigen aber anderseits auch, dass viele Zwei-Eltern-Familien keine glückliche Umgebung für die Kinder und die Eltern selbst darstellen.

Sicherlich erinnern Sie sich noch an die Serie von Amokläufen an amerikanischen Schulen, die 1996 begann. Besonders eindrücklich war das Schulmassaker an der Columbine High School in Littleton, Colorado, im Jahre 1999, bei dem zwölf Gymnasiasten und Lehrer von zwei Mitschülern erschossen wurden, bevor sich die Amokläufer selbst umbrachten. In den Medien brach sofort eine Welle von Spekulationen los über *broken home situations* und abwesende Väter als Ursache für diese Gewalttaten. Als jedoch nach und nach mehr Details zutage traten, wurde deutlich, dass die mordenden Teenager aus intakten Familien stammten. Die Eltern lebten in wohlsituierten Wohngegenden gemeinsam mit ihren Kindern in einem Haushalt. Beide Elternpaare waren das erste Mal verheiratet, religiös in ihrer Gemeinde verwurzelt und besuchten zusammen mit ihren Kindern u. a. Sportveranstaltungen.

Eine ähnliche Familienstruktur lag auch bei der Familie des Amokläufers von Erfurt, Robert Steinhäuser vor, der am 26. April 2002 am Gutenberg-Gymnasium in Erfurt 16 Menschen und sich selbst erschoss. Auf den ersten Blick stellten die Steinhäusers eine völlig intakte Familie dar. Christel und Günter Steinhäuser waren in erster Ehe verheiratet und hatten zwei Söhne, Peter und Robert, und sie lebten sogar mit der Großmutter in einem Haus. Sie entsprachen somit fast schon vorbildhaft dem konservativen Familienideal: kein Ehezerwürfnis und keine Scheidung, keine *broken home situation*, keine vaterlosen Kinder. Bei genauerer Familiendiagnostik (die von dem Profiler André Volk vom Landeskriminalamt Thüringen durchgeführt wurde) stellte sich jedoch heraus, dass in der Familie auf emotionaler Ebene anscheinend Eiseskälte herrschte und seitens der Eltern ein immenser Leistungsdruck auf Robert ausgeübt wurde. Auch offenbarten sich Defizite in der Erziehungskompetenz der Mutter: Um der »Computersucht« (wie die Mutter es bezeichnete) ihres Sohnes Herr zu werden, riss sie einmal aus Verzweiflung alle Kabel aus den Wänden und Geräten.

Die Beispiele lassen sich fortsetzen. So waren die (»ungeschiedenen«) Eltern von Seung-Hui Cho, dem Amokläufer des Virgina-Tech-Massakers im April 2007, Mitglieder der örtlichen Kirchengemeinde. Und auch der Attentäter des Schulmassaker von Jokela in Finnland (November 2007), Pekka-Eric Auvinen, lebte mit seinem Vater, einem Musiker, seiner Mutter, einer Verwaltungsangestellten, und seinem elfjährigen Bruder idealfamilientypisch unter einem Dach.

Diese zugegebenermaßen drastischen Fälle verdeutlichen eines: Die Familienform an sich, auch die idealisierte biologische Zwei-Eltern-Kernfamilie, schützt nicht vor Störungen, Gewalt und Unglück – sie schützt an sich vor überhaupt nichts (oder vor genauso viel wie jede andere Familienform). Im Einklang mit nationalen wie internationalen Forschungsbefunden ist zwar unbestritten, dass Gewalt in der Familie erfahren und erlernt wird. Es ließ sich jedoch keine bestimmte Familienform ermitteln, in der »bevorzugt« Gewaltbereitschaft bei Kindern und Jugendlichen entsteht.

Gewalt und Vernachlässigung kommen in den besten Familien vor. Leider wird in der öffentlichen Diskussion immer wieder so getan, als seien »Trennungswaisen« per se gestört und um ein Vielfaches mehr gefährdet, Gewalttäter zu werden. Es gibt dafür jedoch keinen einzigen wissenschaftlichen Beleg, im Gegenteil: Differenziert man das Bild und betrachtet die Unterschiede zwischen Kindern, die eine Trennung erlebt haben, und Kindern, die dies nicht erlebt haben, so tritt Folgendes zutage: Die Täterrate bei Scheidungskindern liegt bei 22,8 Prozent, die Täterrate bei Kindern, die mit beiden leiblichen Eltern zusammenleben, liegt bei 20,1 Prozent. Selbst mit dogmatisch verklärtem Blick lässt sich angesichts dieses äußerst geringen Unterschieds schwer Eindeutiges konstruieren. Die Studien des Kriminologischen Forschungsinstituts Niedersachsen, aus welcher obige Zahlen entnommen wurden, besagen zudem (Pfeiffer, Wetzels und Enzmann, 1999, S. 23):

> Elterliche Scheidung/Trennung und die sich danach ergebenden neuen Familienformen gehen offenkundig nicht per se mit erhöhten Täterraten der Jugendlichen einher. So findet sich für Jugendliche, die bei der Mutter und ihrem neuen Partner/Stiefvater leben, dann, wenn es dort nicht (mehr) zu Partnergewalt kommt, mit 21,3 Prozent eine deutlich geringere Täterrate als bei jenen Jugendlichen, deren Eltern zwar zusammenleben, bei denen es in der elterlichen Partnerbeziehung jedoch zu Gewalt kommt (die Täterrate liegt in dieser letzten Konstellation bei 29,6 Prozent). Generell ist die Gewalttäterrate der Jugendlichen in Familienformen, in denen sie nicht mit beiden leiblichen Eltern zusammenleben, immer dann, wenn es in den neuen Beziehungen nicht zu Gewalt kommt, geringer als in den vollständigen Familien, wenn es dort sehr wohl zu Partnerkonflikten kommt. Anders gesprochen: Trennung aus einer Partnerbeziehung, die von Gewalt geprägt ist, hat auch mit Blick auf die Bereitschaft zur Gewaltdelinquenz Jugendlicher eine eher positive Wirkung, sofern die jeweiligen Elternteile nicht »vom Regen in die Traufe« geraten.

Für andere Störungen und Erkrankungen im Kindes- und Jugendalter gilt dasselbe wie für die eben skizzierten aggressiven Verhaltensstörungen: Die Familienform an sich entscheidet in keiner Weise über das Auftreten bzw. Nichtauftreten bestimmter Störungen oder Erkrankungen. Der Mainzer Soziologe Professor Norbert Schneider konstatiert, es gebe keine gesicherten Hinweise darauf, dass die traditionelle Familie »die bestmögliche Gewähr für eine glückliche und liebevolle Erziehung« biete. Es sei vielmehr davon auszugehen, dass eine gesunde psychosoziale Entwicklung in den verschiedenartigsten familialen Lebensformen möglich ist.

Eine besondere Herausforderung für Zwei-Eltern-Familien, vor allem in der Doppelverdienervariante, die mit Abstand die verbreitetste unter den Zwei-Eltern-Familien ist, stellt die Vereinbarkeit von Beruf und Familie dar – also der gelingende Umgang mit Arbeitsanforderungen und Familienstress. Doch das ist ein eigenes Thema, dem wir auch ein eigenes Buch gewidmet haben (*Work-Life-Balancing für Männer*).

Ein-Eltern-Familien: Ist der Begriff »alleinerziehend« überhaupt sinnvoll?

Wie viele Ein-Eltern-Familien gibt es?

Der Anteil von Familien, die aus einem Elternteil plus Kind(ern) bestehen, an allen Familienformen mit Kindern beträgt aktuell etwa 15 bis 20 Prozent, je nachdem, ob man eher blind oder großzügig Dunkelziffern vernachlässigt oder einbezieht. 2003 wuchs jedes fünfte Kind in einer Ein-Eltern-Familie auf. 85 Prozent aller Alleinerziehenden sind Frauen. Ein-Eltern-Familien sind inzwischen eine etablierte Familienform und in allen sozialen Schichten zu finden. Immer mehr Menschen entscheiden sich zudem freiwillig für diese Lebensform. Besonders in Großstädten entwickelt sich die Ein-Eltern-Familie zu einer neuen Familiennormalität.

Wie alleinerziehend sind Alleinerziehende?

In der Regel wird die Bezeichnung »Ein-Eltern-Familie« synonym mit dem Begriff »Alleinerziehende« verwendet. Diese Gleichsetzung ist jedoch fern der Realität. Häufig sind Ein-Eltern-Familien weniger alleinerziehend als Mütter in traditionellen Zwei-Eltern-Familien, in denen der vermeintliche zweite Erzieher erst spätabends nach Hause kommt und am Wochenende seine Ruhe haben und seine Hobbys pflegen möchte. An der Aufzucht der Sprösslinge sind in Ein-Eltern-Familien neben dem außer Haus lebenden anderen Elternteil oft auch Großeltern, Pädagogen oder Freunde, teilweise ebenfalls mit Kindern, beteiligt. Natürlich gibt es aber auch drastische Fälle, in denen eine Mutter, vom Vater und der Welt allein gelassen, die ganze Bürde der Erziehung ihrer Kinder allein trägt.

Über 25 Prozent der Ein-Eltern-Familien mit minderjährigen Kindern beziehen Sozialhilfe. Dies sind überwiegend jüngere Mütter mit Kindern unter sechs Jahren, die ohne Partner leben. Außerdem: In Westdeutschland verfügten laut Pressemitteilung des Bundesministeriums für Familie, Senioren, Frauen und Jugend vom 26. März 2000 fast 50 Prozent aller Alleinerziehenden über Immobilienbesitz – die verbreitete Vorstellung, alleinerziehend zu sein, sei der direkte Weg in die Armut, entspricht nicht immer den Tatsachen. Die meisten Alleinerziehenden gehen einer Erwerbstätigkeit nach, um nicht vom Staat oder ihrem Umfeld abhängig zu sein. Es ist allerdings zu bedenken, dass für geschiedene Alleinerziehende die Kombination von Beruf und Kindern manchmal erst einige Zeit nach der Trennung, wenn überhaupt, halbwegs stressfrei zu bewältigen ist.

Dennoch stellt die Erwerbstätigkeit für Frauen nach der Scheidung oder Trennung nicht nur aus materieller, sondern auch aus psychologischer Sicht (als Stärkung von Selbstwert und Sozialkontakten) einen wesentlichen Faktor für das Wohlergehen dar. Erwerbstätigkeit ist für Alleinerziehende mit kleinen Kindern allerdings nur dann möglich, wenn genügend Betreuungsplätze mit qualifiziertem Personal zur Verfügung stehen. Meist dauert es natürlich eine gewisse Zeit, bis Ein-Eltern-Familien ihr Leben und ihre sozialen Unterstützungssysteme so organisiert haben, dass die Lebenssituation für alle Beteiligten befriedigend ist.

Problematisch bleiben allerdings die Möglichkeiten für Alleinerziehende, beruflich tätig zu werden und auf gute Kinderbetreuung zurückgreifen zu können. Der bekannte Bildungs- und Familienforscher Professor Klaus Hurrelmann von der Universität Bielefeld formulierte im Rahmen eines Dossiers der Frauenzeitschrift *Brigitte* 2008 zu diesem Thema (Heft 3):

> In unserer Gesellschaft werden Menschen, die Kinder haben, sehr genau beäugt, fast überkritisch diskriminiert. Nach dem Motto: Wer sich für Kinder entscheidet, hat dafür selbst die Verantwortung zu tragen. Wer Schwierigkeiten hat, muss sehen, wie er damit zurechtkommt. Bei alleinerziehenden Müttern spitzt sich die Diskriminierung auf das Schlimmste zu. Nichts wirklich Nachhaltiges wurde bisher dafür getan, diesen Müttern ein Angebot zu machen, selbst durch Berufstätigkeit Geld verdienen zu können. Das ist für sie aber die einzige Möglichkeit, um selbständig zu sein und ein Kind verantwortlich betreuen zu können. Nichts Dauerhaftes wurde auch getan, um den Kindern dieser Mütter Vorrang bei Krippen-, Kita- und Ganztagsplätzen einzuräumen.

Deshalb verwundert es nicht, dass Alleinerziehende zunächst einmal (aber eben nicht auf Dauer) als belastet gelten. Das Robert-Koch-Institut stellte 2003 in der Gesundheitsberichterstattung des Bundes (Heft 14: *Gesundheit alleinerziehender Mütter und Väter*) fest, dass alleinerziehende Mütter nicht nur durch finanzielle Probleme, sondern auch durch Zukunftsängste, Anzeichen von Überforderung und durch ein geringes Selbstwertgefühl stärker belastet sind als verheiratete Mütter.

Aufgrund der uns heute vorliegenden Untersuchungen kann als erwiesen gelten, dass Kinder, die in Ein-Eltern-Familien aufwachsen,

- in keinerlei Hinsicht unter schlechteren Entwicklungsbedingungen aufwachsen als Kinder aus traditionellen Zwei-Eltern-Familien;
- nicht häufiger psychische oder soziale Störungen aufweisen, sondern oft sogar über bessere soziale Kompetenzen und eine größere psychische Reife verfügen als Kinder aus Zwei-Eltern-Familien;
- eher in der Lage sind, Verantwortung zu übernehmen;
- häufig eine größere Kooperationsbereitschaft zeigen;
- sensibler für gesellschaftliche Diskriminierungen sind und
- über flexiblere Rollenauffassungen von Mann und Frau verfügen als Kinder aus traditionellen Familien.

»Damit erweist sich die vielfach in den Massenmedien wie zum Teil auch in der Fachliteratur unkritisch verbreitete Ansicht, Ein-Eltern-Familien und ihre Kinder zeichneten sich durch besonders viele Probleme aus, als ein nicht der Realität entsprechendes, von Vorurteilen geprägtes Klischeebild.« Diese Aussage des Schweizer Psychologieprofessors Udo Rauchfleisch (2007) bezieht sich auf eine langfristige Perspektive. Kurz- bis mittelfristig können nach einer Scheidung oder Trennung natürlich besondere Belastungsreaktionen auftreten (z. B. Schlafstörungen). Langfristig kann eine Belastung für Mutter und Kind entstehen, wenn dauerhaft eine Vaterfigur fehlt. Die Mehrzahl der befragten Alleinerziehenden berichtet jedoch Positives über die Auswirkung dieser Familienkonstellation auf das Kind, wie die Sozialwissenschaftlerin Anita Heiliger vom Deutschen Jugendinstitut in München in verschiedenen Studien zeigen konnte.

Was auf jeden Fall notwendig und sehr hilfreich ist, sind soziale Netzwerke. »Die Pflege von sozialen und informellen Netzwerken (wie Freundschaften, Nachbarschaften, Verwandtschaften) ist neben der Nutzung von formellen Netzwerken (z. B. Ämter oder Beratungsstellen) äußerst ertragreich für die Ratio- und Gefühlswelt.« Das beobachtete Veronika Hammer von der Universität Erfurt, als sie die Lebenslage Alleinerziehender genauer unter die wissenschaftliche Lupe nahm (zitiert in Lüke, 2003). Anders formulieren es Monika Czernin und Remo H. Largo in ihrem Buch *Glückliche Scheidungskinder*: »Gefühle gehen gewissermaßen ungebremst auf das Kind über ... Deshalb sind andere Bezugspersonen für Kinder so wichtig, die helfen, das emotionale Gleichgewicht immer wieder herzustellen ... Eltern in Trennung und Scheidung brauchen Erwachsene, die sie zeitlich entlasten und mithelfen, die emotionalen Bedürfnisse der Kinder zu befriedigen.«

Alleinerziehende und das Alleinsein

Wir wollen an dieser Stelle auf ausführliche Ratschläge dazu verzichten, wie Alleinerziehende Wohngeld beantragen, Selbsthilfegruppen gründen oder Erziehungsberatung in Anspruch nehmen können. Es gibt viele Internetforen und Interessenverbände speziell für Alleinerziehende, die dabei wesentlich kompetenter Hilfestellung bieten können. Dies sind nur einige Beispiele:

- Bundesministerium für Familie, Senioren, Frauen und Jugend: www.bmfsfj.de
- Verband alleinerziehender Mütter und Väter, Bundesverband e.V.
- : www.vamv-bundesverband.de
- Dichtes deutschlandweites Beratungsstellennetz speziell für Familienfragen jenseits des Mainstreams
- : www.profamilia.de
- Single Parents – Alleinerziehende Online (SPAO): www.spao.de (Internetseite mit vielen Links, Tipps, Foren und Informationen zum Chatten und Surfen).

Stattdessen wollen wir uns hier mit der Thematik des Single-Daseins eingehender befassen, da sie häufig für eine bestimmte Zeit mit der Ein-Eltern-Familienform verbunden ist und Alleinerziehende damit oft die meisten Schwierigkeiten haben.

Etwa 24 Prozent der Bevölkerung Deutschlands sind Singles, d. h. Partnerlose im mittleren Erwachsenenalter bzw. Alleinerziehende mit ihren Kindern. Von diesen 24 Prozent praktiziert etwa ein Viertel diese Lebensform aus freien Stücken.

> Nadja lebt gemeinsam mit ihrer zweijährigen Tochter Julia in einer Zwei-Zimmer-Wohnung. Thomas, der Vater von Julia, und Nadja trennten sich noch während der Schwangerschaft, da sie sich erst kurz zuvor kennen gelernt und bald festgestellt hatten, dass sie aufgrund vieler Unterschiedlichkeiten nicht zueinander passten. Julia verbringt jedes zweite Wochenende und einen Nachmittag in der Woche bei Thomas. Nadja ist als Alleinerziehende sehr glücklich. Sie beendet zur Zeit ihr Studium, genießt die Zeit mit Julia, wenn diese nicht im Kinderladen oder bei Thomas ist, und könnte sich überhaupt nicht vorstellen, wie zurzeit ein Mann in ihr Leben passen sollte.

Drei Viertel aller Singles sind demnach unfreiwillig alleinstehend. Unfreiwillige Singles sind zum einen junge Menschen im Alter zwischen 16 und 25 Jahren, die teilweise unter dem enormen gesellschaftlichen Druck (vermittelt durch Gleichaltrige und Medien) stehen, unbedingt eine Beziehung führen zu müssen. Außerdem sind unfreiwillige Singles oft getrennte, geschiedene oder verwitwete Menschen.

Alleinerziehende Singles sehen sich mit ganz bestimmten Realitäten konfrontiert: etwa der Einsamkeit, der Notwendigkeit, allein Entscheidungen zu treffen und finanzielle Angelegenheiten zu regeln, und natürlich ungelebter Sexualität. Diese Realitäten können als lästige Probleme oder gar als Qual, aber auch als Herausforderungen und Chancen begriffen und wahrgenommen werden.

Einsamkeit

Einsamkeit gehört zu den universellen Erfahrungen, die alle Menschen im Verlauf ihres Lebens einmal machen. Viele Menschen erleben aufgrund äußerer oder innerer Umstände mehr oder weniger lang andauernde Phasen der Einsamkeit. Alleinerziehende und außerhalb des ehemals gemeinsamen Haushalts lebende Elternteile bilden da keine Ausnahme. Einsamkeit ist also etwas ganz Normales, und der Umgang mit ihr ist eine Aufgabe, der sich alle Menschen stellen müssen (im Übrigen kann man sich, wie viele aus eigener Erfahrung wissen, auch innerhalb von Beziehungen todunglücklich und einsam fühlen).

Alleinsein mündet jedoch nicht zwangsläufig in ein Gefühl der Einsamkeit, genauso wenig, wie das Miteinandersein unbedingt zu einem Gefühl der Geborgenheit und Verbundenheit führt. Einsamkeit ist ein Gefühl, das uns auf uns selbst zurückwirft, in dem aber auch eine große Chance zu Selbsterkenntnis und Selbstvertrauen liegt. Das Annehmen der Einsamkeit und das Anfreunden mit ihr stellen dabei einen ersten wichtigen Schritt dar. Ein tibetisches Sprichwort besagt: »Begegnest du der Einsamkeit, hab keine Angst! Sie ist eine kostbare Hilfe, um mit dir selbst Freundschaft zu schließen.«

Wenn jedoch längerfristige, anhaltende Einsamkeitsgefühle weder mit Geduld und Freundlichkeit sich selbst gegenüber noch mit der Pflege sozialer Kontakte noch mit Unternehmungen vertrieben werden können, sollte man sich nicht scheuen, therapeutische Hilfe in Anspruch zu nehmen. Einsamkeitserfahrungen sind dann nicht mehr hilfreich, wenn sie beispielsweise längerfristig einhergehen mit

- einem äußerst geringen Selbstwertgefühl und dem Gefühl der Wertlosigkeit,
- ständiger Nervosität
- oder Desorientierung,
- Hilflosigkeit,

- Überreaktionen auf Alltagswidrigkeiten,
- permanenter Unfähigkeit, aus sozialen Kontakten positive Gefühle zu beziehen,
- fortwährender Kritik an sich selbst und an anderen Menschen,
- andauernder Interesse- und Orientierungslosigkeit.

Wer solche Anzeichen an sich selbst wahrnimmt, sollte für sich sorgen, indem er um Hilfe bittet – entweder bei der Familie, bei Freunden oder bei einem Therapeuten.

Allein Entscheidungen treffen und finanzielle Angelegenheiten regeln

Singles und Alleinerziehende müssen alle wichtigen Weichenstellungen und Lebensentscheidungen, seien sie beruflicher, finanzieller oder gesundheitlicher Natur, alleinverantwortlich treffen und auch die Verantwortung für ihre Kinder übernehmen. Hierin liegt jedoch eine große Chance: Die existenzielle Selbstverantwortlichkeit für das eigene Leben wird selten in unserer Wohlstandsgesellschaft so unmittelbar spürbar wie in Phasen des Single-Daseins.

Probleme beruflicher, finanzieller oder privater Natur lassen sich am besten dadurch lösen, dass sie mit realistischem Blick angepackt werden. Sicher kann man auch darauf warten, dass sich Probleme von selbst lösen – manchmal tun sie das ja früher oder später auch irgendwie. Einer der solidesten Befunde der modernen Psychologie besagt jedoch, dass Menschen, die proaktiv (also vorausschauend, umsichtig) Einfluss auf ihr eigenes Leben nehmen, mit diesem sehr viel zufriedener sind als Menschen, die sich passiv zurücklehnen und nur darauf warten, dass es das Schicksal gut mit ihnen meint. Sie erfahren nämlich das, was Psychologen »Selbstwirksamkeit« nennen und für eine enorm bedeutsame menschliche Kompetenz halten.

Vieles im Leben entzieht sich jedoch auch unserer Kontrolle, weshalb sich zur Selbstwirksamkeit ein Weiteres gesellen sollte: ein transpersonales oder, wie man es früher nannte, Gottvertrauen. Damit ist ein Vertrauen in die Einzigartigkeit des Individuums, die Unverletzbarkeit seines Kerns und in seine Verbundenheit mit der Welt gemeint. Diese Form des Vertrauens kann sich in einer sehr individuellen, von Religion unabhängigen Zuversicht ausdrücken. Statistisch gesehen verfügen jedenfalls jene Menschen über die stabilste seelische Gesundheit, die sowohl über eine hohe Selbstwirksamkeit als auch über ein hohes transpersonales Vertrauen verfügen, wie Untersuchungen des Oldenburger Professors für Gesundheitspsychologie Wilfried Belschner belegen.

Sexualität

Sexualität ist sicher ein schwieriges Thema für Single-Mütter und -Väter. Interessant ist in diesem Zusammenhang jedoch besonders eine Form des Umgangs mit Sexualität, mit der man sich vor allem in Phasen des Single-Daseins konfrontiert sieht: der Enthaltsamkeit. Tatsächlich bietet die Enthaltsamkeit die Chance, das Paradox der Sexualität zu entdecken – ihre Bedeutungslosigkeit wie auch gleichzeitig ihre existenzielle Wichtigkeit. Sexualität ergibt sich aus den positiven Gefühlen, die man für einen anderen Menschen hegt. Ohne die Resonanz oder den Kontakt zum Gegenüber hat sie wenig Bedeutung, gleichzeitig ist das Erleben eben dieser Nähe und das Ausleben dieser Sehnsucht überlebenswichtig.

Enthaltsamkeit auszuhalten kann zu einem bewussteren Umgang mit Sexualität verhelfen: Mit wem, wie, wann, wo will ich Sex haben? Mit wem, wann, wie, wo will ich *keinen* Sex haben? Was bedeutet mir eigentlich Sex? Ist Sexualität für mich Ausdruck körperlichen Begehrens oder romantischer Liebe? Oder ist sie mal das eine, mal das andere? Wir wollen Ihnen hier nicht empfehlen, sich zölibatär zu geißeln, sondern auch einmal jenseits gängiger sexueller Single-Praktiken (One-Night-Stands, länger andauernde sexuelle Beziehungen trotz Single-Daseins, Selbstbefriedigung, Begegnungen in Erotik-Chats, Prostitution) mit Sexualität zu experimentieren.

Wie auch immer: Seien Sie als Alleinerziehende(r) wählerisch, wann immer es gut für Sie ist! Sie sind nicht die zweite Wahl, die nehmen muss, was sich anbietet. Fühlen Sie sich frei, zu erfahren und zu erleben, was Ihnen am besten tut.

Patchworkfamilien

In Deutschland sind Patchworkfamilien (noch) nicht so verbreitet wie in den USA, wo sie bereits die häufigste Familienform darstellen. Zehn Prozent aller deutschen Familien leben in Patchworkkonstellationen, so die Schätzung des Soziologieprofessors Norbert Schneider.

Unter einer Patchworkfamilie verstehen wir eine Familienform mit zwei Erwachsenen unterschiedlichen Geschlechts, in der mindestens einer der Erwachsenen mindestens ein Kind in diese Verbindung mitbringt. Andere Begriffe für diese Familienform sind »Stieffamilie« oder »offene Familie«, wobei ersterer im umgangssprachlichen Gebrauch häufig immer noch negativ besetzt ist – eine Stiefmutter wird schnell mit einer Rabenmutter assoziiert und ein Stiefkind mit Aschenputtel. Der Soziologe Reinhard Sieder bevorzugt den Begriff »Folgefamilie«.

In Patchworkfamilien können oft typische, spontan auftretende Muster beobachtet werden, die man kennen sollte, um mit dieser Familienform konstruktiv umgehen zu können. Der Heidelberger Familientherapeutin Andrea Ebbecke-Nohlen zufolge können – neben überhöhten Ansprüchen und unerreichbaren Idealvorstellungen – die folgenden Glaubenssätze in Patchworkfamilien eine Falle darstellen, die ein harmonisches Miteinander blockiert und der nur schwer zu entkommen ist:

- »Jetzt sind wir wieder eine Familie.«
- »Es darf nicht wieder schief gehen.«
- »Wir müssen uns alle sofort lieb haben.«

»Born of loss«: Patchworkfamilien entstehen durch Abschied und Verlust

Die Mitglieder von Patchworkfamilien haben in der Vergangenheit oft herbe Verluste und gravierende Einschnitte in ihrem Leben erfahren: zerbrochene Familienideale, Veränderungen in der Beziehung zwischen Eltern und Kindern, Trennung, Scheidung, Tod und einen damit einhergehenden tiefgreifenden, grundsätzlichen Wandel der Lebenssituation und -umstände. Gerade für Patchworkfamilien ist daher ein konstruktiver Umgang mit Verlust und Abschied eine wichtige Voraussetzung für ein gutes Funktionieren. Jedem Familienmitglied muss unbedingt die Möglichkeit gegeben sein, seine Gedanken und Gefühle, auch Trauer, Schmerz und Angst, offen zum Ausdruck zu bringen.

Beispielsweise kann es für einen kinderlosen Partner durchaus schwierig sein, anzuerkennen und zu akzeptieren, dass sich die Realität seiner Patchworkfamilie anders gestaltet, als dies in seinen Träumen und Phantasien von Ehe und Familie der Fall ist. Zudem tragen Erwachsene in Patchworkfamilien die Verantwortung, besonders sensibel auf die Reaktionen der Kinder auf die neue Familiensituation einzugehen. Kinder haben zumeist keine Kontrolle über die sich verändernden Lebensumstände; es ist ihnen in den wenigsten Fällen freigestellt, im Haushalt des einen oder anderen leiblichen Elternteils zu leben oder sich auszusuchen, mit wem sie zusammenleben möchten. Umso mehr sollten sich deshalb die Erwachsenen darum bemühen, dem Kind zu versichern, dass es sich geborgen fühlen kann, etwa, indem sie nicht Konflikte auf der Elternebene auf seinem Rücken austragen oder indem sie sich Zeit nehmen zu reden und sich bewusst machen, dass für Kinder der Verlust eines Elternteils mit persönlichen Verlustängsten verbunden ist. Gleichwohl sollten Eltern sich ihren neuen Partner keinesfalls danach aussuchen, ob er dem Kind genehm ist oder nicht. Das bringt Kinder lediglich in die schwierige Position, dass sie über ihre Eltern entscheiden. Wenn Eltern dies dennoch zulassen, so ist dies oftmals Ausdruck eines verborgenen Schuldgefühls den Kindern gegenüber und des Versuchs der Wiedergutmachung.

Das Familiensystem ist größer als der Familienhaushalt

Eine Patchworkfamilie ist und wird niemals eine biologische Zwei-Eltern-Familie sein. Es ist wichtig, das anzuerkennen! Denn der Versuch, im zweiten Anlauf vielleicht doch noch die ersehnte Idealfamilie aufzubauen, birgt zahlreiche Gefahren, vor allem für die Kinder.

Das Fehlen des zweiten leiblichen Elternteils im Haushalt passt so gar nicht zum Idealbild vom trauten Heim, Glück allein.

Kindern geht es nach Scheidungen und in den darauf folgenden Familienformen meist erst dann gut, wenn sie regelmäßig Kontakt zum außer Haus lebenden Elternteil haben. Ausnahmen bestätigen natürlich die Regel: Wenn sich der außer Haus lebende Elternteil nicht an Vereinbarungen hält und nichts Konstruktives in der gemeinsamen Zeit mit seinen Kindern anzufangen weiß, dann kann es hilfreich sein, den Kontakt für eine bestimmte Zeit zu unterbrechen. In jedem Fall ist es wichtig, den gerade nicht präsenten Elternteil nicht zu tabuisieren noch ihn zur Persona non grata zu erklären.

Komplexitätsstress unter der Tarnkappe »Normalfamilie«

Was aber ist an dem Versuch, als Patchworkfamilie die ersehnte Idealfamilie zu simulieren, eigentlich so verwerflich?

Bei Familie Franz (Mutter Kerstin, Ehemann Norbert, Kerstins Tochter Carola) geht es an Feiertagen mitunter zu wie auf einem türkischen Basar: Es wird verhandelt und gefeilscht, wer wann wen besucht. Zu welchen der zahlreichen Verwandten fährt Carola zu Weihnachten? Geht sie am ersten Weihnachtstag zu Patentante Olga, Papas Schwester (Papa ist mit seiner Frau Cordula und deren Sohn bei den Schwiegereltern), oder vielleicht mit Mama und Norbert zu dessen Eltern, obwohl sie die nicht mag? Sie könnte auch Oma Ida, Mamas Mutter, besuchen, oder vielleicht doch Oma Karin und Opa Heinz, Papas Eltern?

Genauso geht es natürlich Kerstin und ihrem Mann Norbert: Gehen sie zu seinen Eltern oder zu ihren? Und dann ist da ja auch noch Norberts Sohn, der bei seiner Mutter lebt ...

Fragen über Fragen. Das Management einer Patchworkfamilie erfordert sehr viel Aufmerksamkeit, Flexibilität und Spontaneität. Es ist eine große Herausforderung, die sich aber mir Sicherheit lohnt, denn obwohl sie auf den ersten Blick nach einem Haufen

Probleme aussieht, ist eine solche Familie natürlich auch lebendige Vielfalt. Patchworkfamilien sind eben Familien mit eigenen Regeln und Gesetzen. Sie sind u. a. schon formal wesentlich komplexer als Kernfamilien).

Irgendwie, irgendwo, irgendwann

Menschen können sich in ganz unterschiedlichen Phasen ihrer familiären, persönlichen und biologischen Entwicklung zu Patchworkfamilien zusammenfinden. Dies hat unmittelbare Auswirkungen darauf, wie sie sich als Familie definieren:

Die 16-jährige Melanie betrachtet den 13-jährigen Sohn des neuen Partners ihrer Mutter nicht als Familien-, sondern als WG-Mitglied, das jetzt im Zimmer nebenan wohnt. Sie nennt den Partner ihrer Mutter Manfred, ihre sechsjährige Schwester Jennifer nennt ihn Papa.

Sandra war noch nie verheiratet; dafür bringt Peter drei Kinder in die Partnerschaft mit. Plötzlich ist Sandra (soziale) Mutter, ohne jemals zuvor Erfahrungen mit Kindern gemacht zu haben. Des Öfteren bekommt sie zu hören: »Mama macht das aber anders.« Sandra hätte zudem gern ein eigenes Kind. Peter hingegen denkt darüber nach, sich sterilisieren zu lassen.

Cordula ist 35 und hat einen 15-jährigen Sohn aus erster Ehe, der langsam flügge wird. Moritz ist 26 und hat eine einjährige Tochter, die bei ihrer Mutter lebt. Er selbst hat noch nie mit einer Frau zusammengelebt. Cordula bewohnte mit ihrem Exmann ein gemeinsames Haus. Sie überlegen aktuell, wie sie in Zukunft zusammenleben wollen.

Die Mitglieder von Patchworkfamilien haben unter Umständen sehr unterschiedliche Gewohnheiten, Werte und Vorstellungen darüber entwickelt, wie Familien »funktionieren«. Umso mehr Zeit brauchen sie, um sich aneinander zu gewöhnen, sich kennen und lieben zu lernen (oder auch um festzustellen, dass man besser wieder auseinandergeht). Das gilt für alle, für die Erwachsenen untereinander, die Kinder untereinander und die Kinder und Erwachsenen in ihrem Verhältnis zueinander. Die Bedeutung des Kennenlernens ist hier eine ganz andere als in der Kernfamilie. Sie beinhaltet u. a. auch eine Entscheidungsmöglichkeit für oder gegen diese bestimmte Lebensweise, für oder gegen ein Dazugehören – eine Entscheidung, die es in der biologischen Kernfamilie so zunächst nicht gibt.

Unterschiedliche Loyalitäten und Bindungen brauchen Raum

Im Rahmen einer Jugendhilfemaßnahme wird der elfjährige Klaus stationär in einem Kinderheim aufgenommen. Er ist der älteste Sohn aus der ersten Ehe von Frau Hebel und hat schon eine Reihe gescheiterter Hilfsmaßnahmen hinter sich.. Frau Hebel ist in zweiter Ehe mit Herrn Hebel verheiratet und hat mit ihm zwei weitere Kinder, einen siebenjährigen Jungen und ein dreijähriges Mädchen. Klaus trägt den Familiennamen des zweiten Mannes seiner Mutter, also Hebel, obgleich sein leiblicher Vater noch lebt. Zu ihm hat er jedoch keinen Kontakt mehr. Frau Hebel hat sich von Klaus' Vater getrennt, als Klaus etwa ein Jahr alt war. Sie hat seitdem jeden Kontakt unterbunden, obwohl der leibliche Vater über das Jugendamt immer wieder anfragt, seinen Sohn sehen zu dürfen.

Frau Hebel äußerte zudem in einem Familiengespräch: »Klaus war mein großer Halt in der Zeit der Trennung«, und auch heute noch sei er »der wichtigste Mensch« in ihrem Leben, wichtiger als die anderen beiden Kinder, wichtiger als ihr jetziger Mann. Als Frau Hebel das sagt, sitzt ihr Mann – irgendwie verloren – daneben. Die Berater stellen die Hypothese auf, dass Frau Hebel sich einerseits nie richtig aus der Beziehung von ihrem Exmann – übrigens einem sehr sympathischen und attraktiven Mann, das glatte Gegenteil von Herrn Hebel – gelöst und zudem die Erfahrung gemacht hat, dass es besser sei, sich nie mehr ganz auf einen anderen Menschen einzulassen oder gar zu verlassen.

In der Familientherapie gilt das Theorem, dass ältere familiäre Bindungen »Vorrang« vor nachfolgenden, jüngeren Bindungen haben. In Patchworkfamilien hat die Eltern-Kind-Beziehung zumindest eines Elternteils in der Regel eine längere Geschichte als die Beziehung zwischen den Erwachsenen. Dies bedeutet, dass sich z. B. eine Mutter im Zweifelsfall ihrer Tochter gegenüber loyaler als gegenüber ihrem neuen Partner zeigen wird. Auch wenn diese Regel nicht immer greifen wird, so ist doch unbestreitbar, dass die Kompetenz der einzelnen Familienmitglieder, den anderen Familienmitgliedern Raum zu geben, um ihre verschiedenen Loyalitäten und Bindungen leben zu können, maßgeblich über den Erfolg dieser Familienform entscheidet. Loyalitätsverhalten drückt sich z. B. auch in der Form der Anrede aus: Mamas »Neuer« muss nicht automatisch auch der neue »Papa« der Kinder sein.

Der 13-jährige Christian soll in einer familientherapeutischen Sitzung das Wunschbild seiner Familie mit Stühlen darstellen. Christian stellt einen Stuhl für seine Mutter in die Mitte des Raums, daneben einen anderen Stuhl. Seinen eigenen Stuhl stellt er der Mutter gegenüber und einen weiteren Stuhl ganz weit weg. Die Therapeuten spekulieren, dass der Stuhl neben seiner Mutter der seines Stiefvaters und der Stuhl außerhalb der seines leiblichen Vaters ist, den der Junge noch nie gesehen hat. Christian aber sagt, es sei genau anders herum: Der Stuhl neben seiner Mutter sei sein leiblicher Vater, weit draußen stehe der des Stiefvaters.

Nicht selten ersehnen wir das am allermeisten, was in der Wirklichkeit am wenigsten realisierbar ist. Die Tendenz, fremde, nichtleibliche Elternteile radikal auszuschließen, führt gerade in der Pubertät, wenn es um Identitätsfragen geht (»Wer bin ich?«, »Wo komme ich her?«), zu enormen Spannungen. Für Kinder ist die Beantwortung solcher Fragen immens wichtig. Dies gelingt vor allem dann, wenn sie die Beziehung zu den verschiedenen, auch den nichtanwesenden Elternteilen selbst mitgestalten können.

Gerade in Zeiten der Veränderung wird dieses Bedürfnis von den Kindern häufig sehr stark empfunden. Eltern sollten das erkennen und respektieren. Wenn das Kind etwa den Wunsch äußert, eine aus seiner Sicht jetzt wichtige Bezugsperson, wie etwa den leiblichen, abwesenden Vater, kennen zu lernen oder eine Beziehung zu ihm aufzubauen, dann sollte ihm ein Kennenlernen möglich gemacht werden. Wie das vonstatten geht, liegt im Ermessens- und Gestaltungsbereich der Eltern: Ist der Vater beispielsweise durch Tod oder Abwesenheit unerreichbar, kann man dem Kind von ihm erzählen und Fotos zeigen. So erhält es die Möglichkeit, sich selbst ein Bild von ihm zu machen.

Wir erleben in unserem familientherapeutischen Alltag immer wieder, dass die neue Partnerin des Vaters fordert, dieser möge den Kontakt zu seinen Kindern aus vorherigen Verbindungen minimieren. Leider gibt es immer noch genügend Männer, die diesem Wunsch aus Angst, die Partnerin zu verlieren, nachkommen. Tatsächlich haben wir jedoch bisher noch keinen Fall erlebt, in dem eine solche Handhabung auf lange Frist gut gegangen wäre: Entweder kamen die Kinder mit dem Verlust nicht zurecht, oder die neue Beziehung des Vaters war nicht von Dauer, oder aus den Mitgliedern der alten Familie wurden mit der Zeit voneinander völlig losgelöste individuelle »Einzelsatelliten« ohne Kontakt und Bindung zueinander.

Ein weiteres, sehr häufig in Patchworkfamilien auftretendes Problem besteht darin, dass der neue Partner der Mutter sich als Vater der angenommenen Kinder aufspielt und versucht, die Existenz des tatsächlichen Vaters zu ignorieren. Die Reaktion der Mutter hierauf (nach anfänglicher Freude darüber, dass sich der neue Partner so nett um die Kinder kümmert) ist oft, dass sie die Erziehungsversuche ihres Partners sabotiert und indirekt ihre Kinder zum Boykott aufruft. Auch solche Konstellationen haben meist keine Zukunft.

Sehr oft tritt unserer Erfahrung nach auch folgender Fall ein: Die Mutter z. B. freut sich darüber, dass ihr der neue Partner elterliche Pflichten abnimmt. Sie macht ihm praktisch die Lücke auf, in die er, meist voller Tatendrang, Verantwortung zu übernehmen, auch gern hineingeht. Und schon sitzen beide in der Falle. Denn unserer familientherapeutischen Erfahrung nach sollten, wenn irgendwie möglich, in solchen Konstellationen – Patchwork- oder Stieffamilie – immer und nahezu ausschließlich die leiblichen Elternteile die Erziehungsverantwortung für ihre Kinder behalten und aktiv gestalten. Sie können sicher Aufgaben an ihre Partner delegieren, aber bitte nicht die unangenehmen. Bei allen wichtigen Erziehungsentscheidungen, auch bei allen Sanktionen gilt: Bleiben Sie als Mutter, als Vater in der alleinigen Verantwortung, ducken Sie sich nicht weg, verstecken Sie sich nicht hinter Ihrem Partner.

Machen Sie sich stets bewusst, dass Sie keine Vater-Mutter-Kind-Familie leben. Genießen Sie es, nicht mehr alleinerziehend zu sein, d. h. nicht mehr alles allein tragen zu müssen. Aber schicken Sie Ihren Partner nicht ins Feuer. Seine Bindung zu Ihren Kindern ist meist um ein Vielfaches fragiler als Ihre. Und dann sagen Ihre Kinder: »Du hast mir gar nichts zu sagen, du bist ja nicht mein Papa.« Genießen Sie es, dass Sie einen Partner haben, mit dem Sie sich hinter den Kulissen austauschen können, der Ihnen zuhört, Ihnen Entlastung verschaffen kann und Sie in Ihren Entscheidungen auch unterstützt. Stärken Sie also lieber Ihre eigene Position als Mutter oder Vater.

Eine Voraussetzung dafür, dass Raum für unterschiedliche Loyalitäten und Bindungen entsteht, ist der flexible Umgang mit Nähe und Distanz. Dies bedeutet, dass der Vater die Fähigkeit entwickeln muss, seiner Traurigkeit und seinem Schmerz angemessen zu begegnen, wenn seine Kinder nach dem Besuchswochenende wieder zur Mutter zurückkehren. Gleichzeitig muss er die Kompetenz besitzen, am nächsten Besuchswochenende wieder die Beziehung aufnehmen zu können und diese nicht durch einen Pseudokontakt zu vermeiden. Die neue Partnerin dieses Mannes muss ihren Partner »loslassen« können, wenn dieser für

© Klaus Pitter

eine Woche ohne sie in Urlaub mit seinen Kindern fährt. Und für die Mutter kann es eine Herausforderung sein zuzulassen, dass ihren Kindern die Beziehung zum Vater ebenfalls sehr wichtig ist. Sie sollte weder offen noch versteckt eine bevorzugte Loyalität der Kinder ihr gegenüber erwarten.

Das »Gehen-und-Ankommen-Lassen« der verschiedenen Familienmitglieder in Patchworkkonstellationen ist der Schlüssel zum Erfolg dieser Familienform. Ein Gefühl der Zusammengehörigkeit kann bei dieser Familienform z. B. durch gemeinsame Rituale, Freizeitaktivitäten oder Projekte gefördert werden.

> Nusrat erzählt, dass er seine Stieftochter regelmäßig zum Tai-Chi-Training mitnimmt. Thorsten sagt, ihm sei es wichtig, mindestens ein Mal im Jahr mit seiner Partnerin Sabine und deren Tochter Johanna in Urlaub zu fahren. Carsten renoviert zusammen mit seinem Stiefsohn dessen Zimmer in der neuen, gemeinsamen Wohnung.

Es können manchmal auch ganz banale Dinge sein, die man gemeinsam unternimmt. Allein die Aufmerksamkeit, die man einander schenkt, zählt. Solange das Miteinander im Vordergrund steht, wird die Beziehung gestärkt und kann sich entwickeln.

Powergames: Machtspiele in Patchworkfamilien

In Patchworkkonstellationen lassen Kinder gern die Muskeln spielen. Da bekommt man als Stiefelternteil oft zu hören: »Wenn du mich nicht richtig behandelst, dann ziehe ich zu Papa« oder »Mama lässt mich immer bis Mitternacht fernsehen«. Sie testen aus, wie weit sie gehen können. Gestehen sie Ihren Kindern Macht und Kontrolle zu, aber machen Sie deutlich, dass Sie verantwortlich sind und die Kinder sich auf Ihre Kraft und Fähigkeit, Grenzen festzulegen und einzuhalten, verlassen können.

Das Thema Macht spielt häufig auch in der neuen Partnerschaft eine große Rolle: Viele Frauen, die Patchworkkonstellationen eingehen, haben zuvor als Alleinerziehende oder Singles gelebt und vielleicht zum ersten Mal in ihrem Leben erfahren, dass sie auch gut ohne Mann zurechtkommen. Es fällt ihnen deshalb manchmal schwer, Macht, Kontrolle und Vertrauen mit dem neuen Partner zu teilen, zumal die Kinder ja ihre Kinder sind. Möchte dann der Mann auch nur ein bisschen den Patriarchen mimen, so hat er schlechte Karten. Wenn vormals alleinerziehende Mütter und Singles sich darauf einlassen, Macht und Kontrolle wieder zu teilen, dann entwickeln sie oft ein sehr feines Gespür dafür, wenn das partnerschaftliche Machtgleichgewicht sich verändert und die Partner nicht mehr auf Augenhöhe miteinander kommunizieren. Solche Frauen sind meistens nichts für Männer, die glauben, ungemachte Betten, schmutziges Geschirr und hungrige Kleinkinder seien per se Frauensache. Natürlich gibt es auch Frauen, die, nachdem es schon beim ersten Mal nicht geklappt hat, nun im zweiten Anlauf endlich den starken Beschützer zu finden hoffen. Die Prognose für solche Verbindungen ist allerdings, nach allem, was wir über Patchworkfamilien wissen, äußerst ungünstig.

Eine bessere Möglichkeit, die Machtverhältnisse zu verteilen, besteht darin anzuerkennen, dass der Partner wirklich der Partner ist und nicht der »Feind«. Dazu braucht es den Willen, immer wieder miteinander in Kontakt zu treten, sich dem Partner mitzuteilen und das Leben samt Glück, Verzweiflung und Verantwortlichkeiten auch wirklich miteinander zu teilen.

Trennung und Scheidung müssen keine Katastrophe sein

Um Missverständnissen vorzubeugen: Dies soll kein leichtfertiges (und auch unsinniges) Plädoyer für die Scheidung werden. Vielmehr soll es hier um Aufrichtigkeit und Differenziertheit in der aktuellen Debatte um vermeintliche »Scheidungsschäden« bei Kindern und in Trennungs- und Scheidungsfamilien gehen.

Bewusste Entscheidung für die Trennung

Die Medien nähren gern den Mythos von unreifen Eltern, die sich leichtfertig trennen. Zur Untermalung werden Fotos von traurig in die Kamera blickenden »Scheidungswaisen« gezeigt. Besonders strapaziert wird auch immer noch das Zerrbild vom fahrlässigen, seine Kinder im Stich lassenden Vater. So fordert etwa die Journalistin Susanne Gaschke in ihrem Bestseller *Die Erziehungskatastrophe,* man solle den Blick endlich stärker auf jene Väter richten, die »verantwortungslos genug sind, ihre Kinder zu verlassen«. Eine differenziertere Perspektive, wie etwa die von Karin Jäckel in ihrem aufklärerischen Buch *Der gebrauchte Mann* oder von Gerhard Amendt, Direktor des Instituts für Geschlechter- und Generationsforschung an der Universität Bremen, in seinem stellenweise erschütternden Buch *Scheidungsväter,* auf die bittere Realität von Vätern vor und nach Trennungen und Scheidungen wird zumeist ausgespart.

Tatsächlich entspricht die Wirklichkeit nicht dem bequemen Schwarzweißdenken einiger Zeitgenossen. So belegen beispielsweise zwanzig Jahre intensiver Forschungsarbeit der kalifornischen Psychologen Joanne Davila und Thomas Bradbury, dass

Männer (genau wie Frauen) häufig »wegen der Kinder« jahrelang in kaputten Beziehungen ausharren und unter Depressionen, Suchterkrankungen und schweren psychosomatischen Störungen leiden. Es entsteht ein Teufelskreis: Gestörte Beziehungen zwischen den Partnern verstärken individuelle Störungen und diese wiederum die Schwierigkeiten in der Beziehung. Viele Männer, aber auch Frauen greifen zu spät in diesen Prozess ein, um professionelle Hilfe in Anspruch zu nehmen oder die Beziehung zu beenden.

Grundsätzlich gilt aber natürlich, was die Psychologin und Leiterin der Würzburger Paarschule Christine Tafler wie schon erwähnt formuliert: »Lieber etwas Neues mit dem Alten als das Alte mit einem Neuen!« In vielen Fällen lohnt es sich, vor allem auch der Kinder wegen, alle Ressourcen zu nutzen, die die Wissenschaft zur Verfügung stellt, um diesen Ehen eine Chance zu geben, ihnen professionelle Hilfe anzubieten, sie zu retten und zu stärken. Natürlich gibt es aber auch Menschen, die das Eheversprechen nicht als sonderlich verbindlich betrachten und sich bei der nächstbesten Krise scheiden lassen. Wie hoch der Prozentanteil solcher leichtfertigen »Eheabbrecher« aber ist und welche Trennungsmotive überhaupt als »leichterfertig« zu bewerten sind, darüber herrscht Uneinigkeit unter den Wissenschaftlern. Eine Studie von Paul R. Amato und Alan Booth beziffert, dass etwa zwei Drittel aller Scheidungen Ehen beenden, in denen nur relativ geringfügige Konflikte bestanden, die Ehepartner sich zwar unglücklich oder unbefriedigt fühlten, ihre Probleme aber nicht als bedrohlich bezeichneten. Die beiden Scheidungsforscher plädieren dafür, in solchen Ehesituationen eine Scheidung nicht gleich als Option zu betrachten, da es Kindern aus solchen »normal streitgeladenen« Ehen erwiesenermaßen meist besser geht als Scheidungskindern.

Die Familienforschung befasst sich inzwischen sehr intensiv mit der Frage, warum und wie sich Paare und Eltern trennen. Betroffene nennen am häufigsten jahrelange Enttäuschung und unerfüllte Erwartungen als Grund. Enttäuschungen und damit verbundene Ambivalenzen (die Frage, ob es sich trotzdem lohnt, die Beziehung aufrechtzuerhalten) zeigen sich meist schon sehr frühzeitig, vielfach schon zu Beginn einer Beziehung, wie die Tübinger Familientherapeutin Dagmar Greitemeyer in ihrem Buch *Die Trennungsfamilie*, das den Untertitel »Trennung als Neubeginn« trägt, anschaulich aufzeigt:

- Meist merkt man solchen Paaren ihre Unzufriedenheit an der Art des Umgangs miteinander an. Sie nörgeln ständig aneinander herum, werten sich gegenseitig subtil ab und tauschen nur noch Pseudozärtlichkeiten miteinander aus. In manchen Beziehungen werden Wut und Trauer abgespalten, weggedrückt, verdrängt. Stattdessen finden an der Oberfläche Kämpfe über Kinder, Geld oder Haushaltspflichten statt.
- Vielfach bleibt den Partnern aus Angst vor der Konfrontation und den daraus möglicherweise erwachsenden Konsequenzen nur das Ausagieren des Konflikts an der jeweils eigenen Person – sie schaden sich selbst durch Depressionen, Suchtmittel und psychosomatische Symptome. Doch wie umgehen mit all der Wut, Trauer und Enttäuschung über unerfüllte Wünsche und Sehnsüchte? Wie den Ausstieg aus dem Teufelskreis schaffen?

Zudem sind die Partner oft mit gegensätzlichen Botschaften aus den Medien sowie der öffentlichen, halböffentlichen und privaten Meinung konfrontiert. Da heißt es einerseits: »Wenn du in deiner Beziehung nicht mehr glücklich bist, Streit und Konflikt vorherrschen und dich zu viel Energie kosten oder wenn es zu Gewalt kommt, solltest du dich trennen!« Auf der anderen Seite bekommen sie zu hören (und zwar nicht selten gerade von Fachleuten wie Psychologen und Pädagogen): »Wenn du dich trennst, wie auch immer, werden deine Kinder Schaden nehmen.«

Die Widersprüchlichkeit dieser beiden Botschaften spüren die Betroffenen genau: Es wird ihnen klar, dass sie ganz allein eine Entscheidung treffen müssen, keine Orientierungshilfe in den widersprüchlichen Meinungen und Ratschlägen finden – und eigenen Mut und eigene Kraft brauchen, sich für eine Trennung oder Scheidung zu entscheiden (oder eben trotz »widriger Umstände« auch dagegen). Oftmals bleiben die Partner dann weiterhin zusammen: der Kinder, des Geldes, der anderen Leute, der Sicherheit, der öffentlichen Meinung wegen.

> Frau Loos, 36 Jahre alt, fällt es schwer, verbindliche Beziehungen einzugehen. Sie erzählt, ihre Eltern hätten, so lange sie denken kann, eine sehr unglückliche Beziehung geführt, sich aber wegen ihr und ihrer älteren Schwester nicht getrennt. Ihre Eltern haben sich bis heute nicht scheiden lassen, obwohl sie seit nunmehr fast 20 Jahren kein gemeinsames Leben mehr führen. Frau Loos betrauert regelrecht die Tatsache, dass sich ihre Eltern nicht schon viel früher getrennt haben. An ihre Mutter erinnert sie sich zumeist als an eine Frau, die ständig in milder Depressivität und Unzufriedenheit ihr Leben mit den beiden Töchtern verbrachte. Unabhängig von Frau Loos' Bindungsproblemen ist es für sie nicht recht vorstellbar, eigene Kinder zu haben, da sie Familie mit der Depressivität ihrer Mutter verbindet. Ihre Schwester lebt übrigens ebenfalls allein und kinderlos.

Dieses Beispiel soll nun nicht zu der Annahme verleiten, Kinder aus unglücklichen Elternbeziehungen würden automatisch ebenfalls unglücklich. Genauso wenig stürzt die Scheidung der Eltern Kinder zwingend ins Verderben. Verallgemeinernde Ursache-Wirkung-Prinzipien sind in komplexen Systemen wie Familien und Partnerschaften fehl am Platz, denn sie erfassen ihre Vielschichtigkeit nur unzureichend. Dieses Beispiel verdeutlicht lediglich, was die Familienforschung schon seit langem weiß: Eine chronisch unglückliche Elternbeziehung kann für alle Beteiligten schädlicher sein als eine Scheidung.

Wann trennen sich Paare?

Paarbeziehungen gestalten sich in der Zeit (oftmals über Jahre hinweg!) vor der Trennung häufig nach folgenden Mustern:

1. Einer der Partner versucht seine Gefühle angesichts der Beziehungsschwierigkeiten gegenüber dem anderen Partner auszudrücken, worauf dieser mit Vermeidung, Rückzug, Jammern oder mit Aggression reagiert. Wenn sich solch ein Umgang der Partner miteinander auch nur ansatzweise verfestigt, dann hat es bereits fünf vor zwölf geschlagen. Kann sich ein Mensch mit seinen Gefühlen in seiner Paarbeziehung nicht mehr zum Ausdruck bringen, so ist der Beziehung die Essenz verloren gegangen. Die Beziehung ist schon von viel Leid und Abstumpfung gezeichnet – und wird mit großer Wahrscheinlichkeit am Ende, vielleicht auch erst Jahre später, zur Trennung führen, weil beide Partner sich so weit voneinander entfernt haben, dass nur noch dieser Ausweg bleibt.

2. Die Vorstellungen und Erwartungen beider Partner über Familienleben, Ehe oder Kindererziehung klaffen meilenweit auseinander. Die Partner haben wenige, fast gar keine gemeinsamen Interessen und Freunde. Solche Beziehungen steuern meist auf eine Trennung zu. Man fragt sich natürlich, wie die Partner überhaupt zusammengekommen sind. Gesellen sich gleich und gleich gern, oder ziehen sich Gegensätze an? Die Forschung hat eindrücklich belegt, dass nur ersteres Sprichwort auch für langfristige, glückliche Beziehungen gilt, will heißen: Wenn beide Partner allzu unterschiedlich sind, geht die Sache meist schief. Doch das kann man am Anfang einer Beziehung noch nicht wissen (wenngleich vielleicht intuitiv spüren). Vieles über Beziehungen ist nur durch Learning by Doing zu erfahren.

Je länger Kinder solche chronisch gestörten Elternbeziehungen erleben, desto größer ist die Wahrscheinlichkeit von Folgeschäden wie Fehlverhalten sowie emotionalen und psychischen Problemen. Ergebnisse aus der Familienforschung wie etwa die der amerikanischen Psychologin E. Mavis Hetherington oder des australischen Familientherapeuten Alan Craddock zeigen inzwischen sehr genau, dass Kinder und Jugendliche, die nach einer Trennung bei einem Elternteil oder in einer Patchworkfamilie aufwachsen, gesündere und glücklichere Erwachsene werden als Kinder, die mit ständigen offenen oder unterschwelligen Konflikten zwischen den Eltern leben müssen. Nach Angaben der amerikanischen Expertin für psychosomatische Medizin Barbara Wood ist die Störung der elterlichen Paarbeziehung die ausschlaggebende Ursache für psychosomatische Erkrankungen im Kindes- und Jugendalter.

Nadine kommt wegen chronischer Migräne mit ihrem drei Jahre älteren Bruder Lars und ihren beiden Eltern, Herrn und Frau Bast, in unsere familientherapeutische Ambulanz. Die Therapeuten erfahren, dass zur Familie noch weitere Geschwister gehören, die Eltern beruflich völlig eingespannt sind und eigentlich niemals Zeit zur Muße ist. Während der zweiten Therapiesitzung erkundigt sich das Team nach den familiären Zukunftsvisionen der einzelnen Familienmitglieder. Herr Bast malt in bunten Farben das Idyll eines großen Bauernhofs mit Pferden und einem Bach, der durch das Grundstück plätschert. Dort würde er mit seiner Familie gern in fünf Jahren leben. Frau Bast berichtet von ihrer beruflichen Selbstständigkeit als Krankengymnastin, die sie zurzeit anstrebt, ansonsten bleiben ihre Zukunftsvisionen eher nebulös. Lars sieht sich in fünf Jahren in einer anderen Stadt, wo er in einer eigenen Wohnung lebt und studiert. Nadine gefällt es auf dem Phantasiebauernhof ihres Vaters gut, sie würde dort zukünftig gern leben.

In der Nachbesprechung stellt das Team aufgrund der auseinanderklaffenden Zukunftsvisionen von Herrn und Frau Bast und der angestrebten Selbstständigkeit der Mutter, die in der Vision des Vaters überhaupt keinen Platz findet, die Hypothese auf, dass es in der Paarbeziehung der Eltern zurzeit kriselt. Später wird deutlich, dass die Beziehung der Eltern tatsächlich schon lange sehr schwierig ist. Allerdings erfahren die Therapeuten dies nicht in der nächsten Familientherapiesitzung, sondern auf Nachfrage bei Frau Basts Anruf, mit dem sie die Familientherapie für beendet erklärt. Sie möchte lieber ein Naturheilverfahren gegen Nadines Kopfschmerzen ausprobieren …

Natürlich sind die Beziehungsschwierigkeiten der Eltern nicht die unmittelbare Ursache für Nadines Migräne. Zudem haben wir bei unserer Arbeit in der Kinder- und Jugendhilfe immer wieder erfahren, dass Kinder aggressiv reagieren, wenn in Familienberatungen die Eheschwierigkeiten ihrer Eltern zu einseitig und direkt in den Blick geraten. Damit erreichen sie, dass in der Folge nicht mehr über die Beziehungsschwierigkeiten der Eltern gesprochen wird. Sie wollen bewusst oder auch unbewusst die Eltern und den Zusammenhalt der Familie schützen. Unsere eigene empirische Forschung hat allerdings auch gezeigt, dass sich etwa chronische Kopfschmerzen bei Kindern häufig dann verbessern, wenn sich damit zusammenhängende familiäre Beziehungsmuster, wie etwa eine chronische Unzufriedenheit in der Paarbeziehung der Eltern, zum Positiven verändern.

In der aktuellen öffentlichen Diskussion um die Folgen von Scheidung und Trennung für Kinder und Jugendliche wird gern übersehen bzw. bagatellisiert, dass sich dauerhaft gestörte Elternbeziehungen negativ auf die Gesundheit und das Wohlbefinden von Kindern und Jugendlichen auswirken. Falls auch Sie zurzeit viel Stress mit Ihrem Partner haben und nun befürchten, Sie schädigten dadurch Ihre Kinder, so können wir Sie jedoch beruhigen: Solange Sie Ihre Kinder aus der Auseinandersetzung mit Ihrem Partner heraushalten und dafür sorgen, dass sich Beziehungsprobleme nicht verfestigen, schaden Sie Ihren Kindern nicht.

97

Ein weiterer mit dem Thema Scheidung verbundener Mythos ist die Annahme, an Trennungen beteiligte Kleinkinder könnten den Wechsel von Bezugspersonen nur schlecht verkraften. Diese Vorstellung wird der sozialen Kompetenz sehr kleiner Kinder nicht gerecht: Reinhard Lempp, einer der führenden Kinder- und Jugendpsychiater Deutschlands, befürwortet ausdrücklich den gesellschaftlichen »Trend«, sich nicht in einer unbefriedigenden Partnerschaft häuslich einzurichten. Kinder können in den ersten beiden Lebensjahren durchaus zwei bis vier und im Alter von zwei bis vier Jahren vier bis sechs erwachsene Bezugspersonen verkraften. Wenn sich also neben Mutter und Vater auch die Oma, ein guter Freund oder eine Betreuerin an der Erziehung beteiligt, ist dies überhaupt kein Problem. Im Gegenteil: Häufig profitieren Kinder gerade im jüngsten Alter sehr davon, denn sie sind gemeinhin sehr flexible Beziehungswesen. Lediglich im Alter zwischen fünf und neun Monaten sollte ein Kind nach Möglichkeit nicht dauerhaft (mehr als zwei bis drei Wochen) von der Mutter bzw. der primären Bezugsperson getrennt werden.

Auswirkungen von Scheidung und Trennung

Lange Zeit (und teilweise auch heute noch) galt Scheidung als ein großes Unglück, ähnlich einer schlimmen Krankheit oder einem Todesfall in der Familie. Zudem wurde sie als Makel betrachtet, der die betroffenen Eltern und vor allem deren Kinder zu Außenseitern und in der Folge vermeintlich anfällig für seelische Probleme machte. Heute sollte man jedoch ein anderes Verständnis von Scheidung haben, und zwar in dreierlei Hinsicht:

1. Scheidung und Trennung sind normale Prozesse familiären Wandels. Schon allein angesichts der statistischen Tatsache, dass heutzutage nahezu jede zweite Ehe geschieden wird und jedes dritte Kind damit rechnen muss, die Trennung seiner El-

tern mitzuerleben, macht es keinen Sinn mehr, Scheidung als exotisches, aus der Norm fallendes Lebensereignis zu betrachten. Es gibt nicht *den* normalen Prozess familiären Wandels, sondern eine Vielfalt von Veränderungsprozessen, z. B. Geburt oder Tod eines Kindes, Pubertät, Wegzug eines Elternteils aus beruflichen Gründen, Aufnahme eines zu pflegenden Großelternteils in den Familienhaushalt, Auszug der Kinder, Umzug in eine andere Stadt, beruflicher Aufstieg des Vaters, Schwangerschaftsunterbrechungen, beruflicher Wiedereinstieg der Mutter. Die Scheidung oder Trennung der Eltern ist nur einer dieser Veränderungsprozesse.

2. Scheidung oder Trennung brechen nicht plötzlich über die Beteiligten herein. Scheidung ist kein punktuelles Ereignis, das schlagartig wie eine Heuschreckenplage über die Partnerschaft und Familie kommt, sondern ein vielschichtiges Geschehen. Es beginnt mit chronischen Beziehungsschwierigkeiten, unterschwelligen oder offenen Konflikten und Ambivalenzen der Vorscheidungszeit. Diese Vorscheidungsphase kann Wochen bis Jahre und Jahrzehnte dauern. Auf die Entscheidung zur Trennung oder Scheidung und deren Durchführung (den Auszug eines Partners oder den rechtlichen Vollzug der Scheidung) folgt eine manchmal mehrere Jahre andauernde Phase mehr oder minder ausgeprägter Belastungen unterschiedlichster Art. Idealerweise findet das Scheidungsgeschehen einen vorläufigen Abschluss mit der Verarbeitung der Scheidung durch alle Beteiligten, mit einem Persönlichkeitswachstum, mit neuen stabilen Partnerschaften sowie einer angemessenen beziehungsmäßigen Rück- und Einbindung der alten Familie, vor allem der Kinder. Gefühle und Handeln können sich in solchen Phasen voneinander entkoppeln oder desynchronisieren, wenn etwa die Empfindungen entweder hinterherhinken oder vorauseilen. Jede Scheidung besitzt eine eigene Komplexität und dementsprechend eine eigene Dramaturgie, einen eigenen Ablauf.

3. Scheidung und Trennung können von den Familienangehörigen sehr unterschiedlich erlebt werden. Die meisten Kinder (etwa 80 Prozent) durchlaufen eine Scheidung ohne größere mittel- und langfristige Beeinträchtigungen. Sie unterscheiden sich psychologisch im Großen und Ganzen nicht von Kindern aus so genannten »intakten« Familien. Frauen scheinen im Durchschnitt mit Scheidungen besser zurechtzukommen und können die nachfolgende Single-Zeit besser für sich nutzen als Männer. Drei Viertel aller geschiedenen Frauen geben an, dass sie trotz der mit der Scheidung verbundenen vielfältigen Belastungen ihr jetziges Leben nicht gegen dasjenige vor der Scheidung eintauschen möchten. Männer hingegen scheinen im Durchschnitt erst dann mit einer Scheidung wirklich klarzukommen, wenn sie eine neue stabile Partnerschaft aufgebaut haben.

Kurz- und mittelfristige Auswirkungen von Scheidung und Trennung

Psychische Belastungen innerhalb der ersten zwei Jahre

Die meisten Kinder sind gefühlsmäßig schlecht vorbereitet auf die Scheidung oder Trennung ihrer Eltern und reagieren deshalb häufig zunächst einmal verständlicherweise mit Stress, Angst, Wut, Schock oder Ungläubigkeit auf diesen Sachverhalt. Die allermeisten Eltern sprechen mit ihren Kindern entweder gar nicht über die bevorstehenden Veränderungen im Familienleben oder nur in Form knapper Mittelungen, wie etwa: »Dein Vater verlässt uns.« In einer amerikanischen Studie aus dem Jahr 2001 gaben gerade einmal fünf Prozent der Scheidungskinder an, dass sie das Gefühl hatten, über den Sachverhalt ausreichend informiert worden zu sein oder gar zu Nachfragen ermutigt worden waren. Wie würden Sie reagieren, wenn Ihr Partner Sie verlassen würde, ohne dass Sie auch nur annähernd die Gründe hierfür verstünden und ohne dass Sie die Chance zu einem Gespräch darüber hätten?

Nach einer Scheidung oder Trennung muss zudem häufig der gesamte Alltag in praktischer und – noch wichtiger – emotionaler Hinsicht von den Familienmitgliedern umorganisiert werden. Wichtige Bezugspersonen sind plötzlich nicht mehr so häufig verfügbar wie zuvor. Nicht selten findet ein gerade für kleine Kinder verwirrender abrupter Auszug eines Elternteils aus der Familienwohnung statt. Lebensplanungen und -perspektiven verändern sich, was oft mit Trauer einhergeht und mit dem Abschied von grundlegenden Lebenszielen, wie etwa dem einer »glücklichen Kernfamilie«. Ein neuartiges Leben beginnt. All dies läuft bei vielen Menschen nicht ohne psychischen Stress ab. Zudem verfügt jeder über sehr unterschiedliche Kompetenzen, mit solchen Veränderungsprozessen umzugehen. Viele Eltern nutzen Scheidungen, um persönlich zu reifen und ein erfüllteres und glücklicheres Leben zu führen. Einige wenige Eltern jedoch entwickeln lang anhaltende psychische Probleme und große Anpassungsschwierigkeiten und erholen sich niemals mehr völlig von dem Ereignis. Die Kompetenz der Eltern, Scheidung zu bewältigen, trägt in jedem Fall wesentlich dazu bei, wie Kinder und Jugendliche diese erfahren.

So entfalten Sie Ihre elterliche Kompetenz in der Zeit unmittelbar nach der Scheidung oder Trennung

- Machen Sie sich bewusst, dass eine Scheidung oder Trennung sowohl eine Möglichkeit für persönliches Wachstum und ein besseres Leben darstellt, als auch Stress und Verwirrung mit sich bringt.
- Stellen Sie sich auf Probleme vielfältiger Art ein. Vor allem im ersten Jahr nach der Trennung wird sich vieles zunächst einmal in ihrem Leben verschlechtern, bevor es – manchmal plötzlich und radikal, manchmal langsam und kontinuierlich – sehr viel besser wird.
- Denken Sie daran: Nahezu jeder Mensch, der eine Scheidung oder Trennung durchlebt, hat Zweifel an ihrer Richtigkeit – auch derjenige, der sie in die Wege geleitet hat.
- Rechnen Sie mit einer ansteigenden Anfälligkeit für Krankheiten. Denn der emotionale Stress, der mit einer Trennung verbunden ist, geht fast immer mit einer Schwächung des körperlichen Immunsystems einher.
- Reden Sie mit anderen Menschen, die Scheidungs- oder Trennungserfahrungen haben. Dabei können Sie erfahren, was Sie zu erwarten haben und wofür Sie sich nicht schuldig zu fühlen brauchen.
- Halten Sie sich vor Augen: Wirkliche, lebenstransformierende Veränderungen erfordern Ausdauer, Beharrlichkeit und die Bereitschaft zu Opfern und Verlusten
- Hilfreich ist es auch, in den ersten zwei Jahren nach der Scheidung nicht mit den Kindern umzuziehen, denn das stellt einen weiteren Belastungs- und Risikofaktor für die Kinder dar.

Finanzielle Belastungen

Auf der finanziellen Ebene ist eine Trennung für die meisten Mütter und Väter kurz- bis mittelfristig ein Verlustgeschäft. Vor allem für Mütter ist eine Scheidung nicht selten mit dem Risiko verbunden, in die Armut abzurutschen. Das durchschnittliche Einkommen von Frauen sinkt nach einer Scheidung um 40 Prozent. Zum Teil liegt das daran, dass Väter finanziellen Verpflichtungen gegenüber ihren Kindern und Exfrauen nicht nachkommen (was jedoch lange nicht so häufig vorkommt, wie medienwirksam aufbereitete Einzelfälle vermuten lassen). Fünf Jahre nach der Scheidung ist das Einkommen von Frauen häufig wieder so hoch wie vor der Scheidung.

Hier sind sowohl die Väter als auch die Familienpolitik gefordert. Es ist notwendig, dass Väter die finanzielle Verantwortung gegenüber ihren Kindern wahrnehmen. Familienpolitisch müssen steuerliche Entlastungen und finanzielle Förderungen Alleinerziehender eine vornehmliche Aufgabe sein. So ist beispielsweise die Abschaffung der Steuerklasse 2 für Alleinerziehende in Deutschland ein familienpolitischer Skandal. Ein Tabuthema in der aktuellen öffentlichen Diskussion ist jedoch immer noch, dass auch Männer in aller Regel wirtschaftlich unter der Scheidung sehr leiden.

Bernd P. ist 36 Jahre alt und im Dreischichtsystem in einer großen Molkerei beruflich beschäftigt. Auf Anraten eines Kollegen beginnt er die Beratung in einer Familienberatungsstelle, nachdem er seine Frau mit einem Bekannten im Bett erwischt hat und diese nun verlangt, er solle aus der gemeinsamen Wohnung ausziehen. Die Familie hat zwei gemeinsame Kinder. Nach drei Monaten andauernder Auseinandersetzungen zieht Herr P. zu seiner Mutter. Frau P. verdient monatlich etwa 320 Euro. Nach Berechnungen der Anwältin seiner Frau bleiben Herrn P. nach Abzug des Unterhalts für seine Kinder und seine Frau monatlich etwa 770 Euro.

Für seinen Arbeitsweg benötigt Herr P. ein Auto. Bei seiner Mutter bezahlt er Kostgeld und kümmert sich jedes freie Wochenende im Haushalt seiner Mutter um seine Kinder. Herr P. wird im Laufe der Beratung immer depressiver, weil vieles von dem, was früher möglich war, z. B. Skiurlaube mit seinen Kindern, nun nicht mehr geht. Er traut sich nicht, eine andere Frau kennen zu lernen, weil »ich mir die nicht leisten kann«. Es ist ihm peinlich, bei seiner Mutter zu leben und einer Frau nichts bieten zu können. Da mit seiner Ehefrau kein anderes Übereinkommen zu erzielen ist, bleibt ihm als einzige Option, gegen den Willen seiner Frau die Scheidung einzureichen, um dadurch eventuell seine finanzielle Situation zu verbessern.

Die finanziellen Folgen von Trennung und Scheidung treffen häufig alle Familienmitglieder sehr hart. Nicht zufällig entscheiden sich einige Paare zwar für eine Trennung, aus rein wirtschaftlichen Gründen jedoch nicht für eine Scheidung.

Langfristige Auswirkungen von Scheidung und Trennung

Laut Studien der beiden amerikanischen Experten für Scheidungsforschung E. Mavis Hetherington und Paul Amato geht es etwa 70 bis 80 Prozent der betroffenen Kinder und Jugendlichen zwei Jahre nach der Trennung der Familie gesundheitlich und seelisch gut. Etwa 20 bis 30 Prozent neigen weiterhin zu emotionalen und Verhaltensproblemen. Es ist zu berücksichtigen, dass auch in »intakten« Familien durchschnittlich zehn bis 20 Prozent der Kinder behandlungsbedürftige Verhaltensprobleme aufweisen. Außerdem zeigen 45 Prozent der bei niedergelassenen Kinderhausärzten vorgestellten Kinder, unabhängig von Scheidung oder Trennung der Eltern, klinische Auffälligkeiten oder eine grenzwertige klinische Symptomatik im psychischen Bereich.

Der renommierte amerikanische Scheidungsforscher Paul Amato weist auf der Basis langjähriger Untersuchungen immer wieder darauf hin, dass sich im Großen und Ganzen Kinder und Jugendliche aus Scheidungsfamilien und Nichtscheidungsfamilien sehr viel mehr ähneln, als dass sie sich unterscheiden. Das in den Boulevardmedien (und leider teilweise auch in der Fachpresse) häufig verbreitete Gruselbild von scheidungsgeschädigten Kindern und Jugendlichen, die noch Jahre nach der Trennung ihrer Eltern von dieser Erfahrung gebeutelt durchs Leben gehen, ist aus Sicht der Forschung Unsinn. Langzeitfolgen von Scheidungen lassen sich in dieser Form nicht nachweisen.

»Gezeichnet fürs Leben« oder »Gewappnet für Stürme«: Die Hetherington-Wallerstein-Debatte

Als »Hetherington-Wallerstein-Debatte« wird eine berühmte, zum Teil sehr heftig geführte Auseinandersetzung um die langfristigen Auswirkungen von Scheidung und Trennung auf Kinder bezeichnet. Diese Debatte fand verstärkt um die Jahrtausendwende sowohl in der Fachwelt als auch in den US-Medien statt, schwappte dann aber auch nach Deutschland hinüber.

Die Debatte ist nach zwei amerikanischen Scheidungsforscherinnen benannt. Sie begleiteten beide in wissenschaftlichen Langzeituntersuchungen ungefähr zur gleichen Zeit 25 Jahre lang Kinder aus Trennungen und Scheidungen. Diese Art von Untersuchungen nennt man im Fachjargon Longitudinal- oder Längsschnittuntersuchungen. Beide Damen sind selbst inzwischen schon über 80 Jahre alt. Mavis Hetherington ist emeritierte Professorin für Entwicklungspsychologie an der Universität von Virginia, Judith Wallerstein ist psychoanalytisch ausgerichtete klinische Psychologin am Centre for the Family in Transition in Kalifornien. Und beide Damen erzielten – deshalb die Debatte – recht unterschiedliche, ja sogar teilweise auf den ersten Blick widersprüchliche Ergebnisse zu den langfristigen Auswirkungen von Trennung und Scheidung auf Kinder.

Die Ergebnisse der Untersuchung von Judith Wallerstein lassen sich folgendermaßen zusammenfassen: Die Auswirkungen von Scheidung auf Kinder sind dramatisch negativ, da sie sich anhäufend gestalten und »Sleeper-Effekte«, also Folgen, die teilweise erst viele, viele Jahr später deutlich werden, zu beobachten sind: Demnach hatten 25 Prozent der »Scheidungswaisen« noch vor ihrem 14. Geburtstag Kontakt mit Alkohol und Drogen, in der Gruppe der Vergleichskinder waren es nur neun Prozent. Die Hälfte der Scheidungskinder heiratete früh, in der Vergleichsgruppe waren es nur elf Prozent. Und 60 Prozent der Frühehen von Scheidungskindern zerbrachen bis zum Abschluss der Studie wieder, in der Vergleichsgruppe nur 25.

Der typische Fall eines »Scheidungskinds« (»Die Geschichte von Karen«) bei Wallerstein sieht etwa folgendermaßen aus: Die zwölf Jahre alte Karen übernahm die Rolle der Ersatzmutter für die jüngeren Geschwister. Sie ging nicht in die Schule, um ihre depressive Mutter zu trösten und die Einkäufe für den Vater zu erledigen. Karen führte zwar auch irgendwann ein glückliches Leben; zuvor aber durchlitt sie eine ziemlich holprige Zeit in ihrem frühen Erwachsenenalter. Sie lebte eine Zeit lang mit einem Mann zusammen, den sie weder respektierte noch liebte, und zwar nur aus dem Grund, weil sie wusste, dass er sie nicht verlassen würde. Selbst Jahre später noch, als sie dann einen anderen Mann geheiratet hatte, vermied sie in der Ehe jegliche Form von Konflikten. Karen war ein Kind von hoher Integrität, was ihr dabei half, mit Schwierigkeiten klarzukommen und sich selbst zu einer guten Mutter und Ehefrau zu entwickeln. Aber was sie nicht mehr verließ, war die Angst, dass sie dies alles, wenn sie eines Morgens aufwachte, plötzlich verloren haben könnte.

Die Resultate der Studie von Mavis Hetherington können wie folgt dargstellt werden: Drei Viertel der Kinder mit Scheidungserfahrung haben langfristig betrachtet nicht mehr oder weniger soziale, psychische oder andere gesundheitliche Probleme als Kinder ohne eine solche Erfahrung. Das Charakteristische an den Langzeitverläufen ist die enorme Vielfalt und Unterschiedlichkeit der Lebenswege der Eltern und der Kinder: Es gibt eine große Minderheit an eindeutigen »Scheidungsgewinnern« und eine genauso große Minderheit an »Scheidungsverlierern«. Der größte Teil liegt in dem Normalbereich dazwischen.

Eine charakteristische Schilderung bei Hetherington ist beispielsweise die »Geschichte von Jeanne«: Die acht Jahre alte Jeanne kümmerte sich in der Zeit nach der Scheidung, als ihre Mutter ein Erschöpfungssyndrom hatte, um das Wäschewaschen und ums Kochen. Sie badete sogar ihren kleinen Bruder und las ihm jeden Abend eine Gute-Nacht-Geschichte vor. Jeanne konnte diese Aufgaben recht gut bewältigen, weil ihre Mutter sich nicht allzu lange an sie angelehnt hatte und auch, weil sie trotz erschöpfungsbedingten Ausfalls weiterhin liebevoll ihren Kindern zugewendet war. Letztlich wuchs Jeanne glücklich und frei von psychischen Störungen auf – und sogar positiv beeinflusst und gestärkt durch ihre Erfahrungen. Solange die Kinder Unterstützung erfahren, kann eine Scheidung eine Art »stählende« Wirkung haben: Mädchen wie Jeanne sind stärker und besser gewappnet für zukünftige Herausforderungen.

Wer von beiden hat nun Recht und wie lassen sich diese Differenzen erklären? In der Fachwelt werden verschiedene Begründungen für das eine und das andere Ergebnis angeführt. Die meisten dieser Argumente beziehen sich jedoch auf die Tatsache, dass die Untersuchungen von Wallerstein und Hetherington sehr unterschiedlich konzipiert und angelegt waren.

Wallerstein untersuchte 60 Familien, die ausdrücklich um professionelle Hilfe wegen Trennungs- und Scheidungsproblemen ersucht hatten. Dementsprechend verwundert es nicht, dass die Mehrzahl der Eltern in diesen 60 Familien Erfahrung mit psychischen Schwierigkeiten wie beispielsweise chronischer Depression, Alkoholproblemen oder gar Selbstmordversuche hinter sich hatten. In dem etwa 25 Jahre betragenden Untersuchungszeitraum wurden die Kinder und Eltern aus diesen Familien fünfmal von erfahrenen Psychotherapeuten im Rahmen eines so genannten halbstrukturierten Interviews (»halbstrukturiert« deshalb, weil durch eine Reihe von Fragen eine gewisse Struktur hergestellt wurde und die Interviewten nicht unstrukturiert einfach drauflos erzählen sollten) etwa eine Stunde lang darüber befragt, wie es ihnen inzwischen mit der Scheidung und Trennung ergangen war.

Mavis Hetherington untersuchte im Gegensatz dazu rund 1400 Familien. Das waren Familien, die für die typische Scheidungsfamilie mit »normalen« Eltern repräsentativ sind – also nicht nur Familien, die wegen großer Schwierigkeiten in psychotherapeutischer Behandlung waren. Zudem verglich Hetherington die Entwicklung von Kindern aus Scheidungsfamilien mit der Entwicklung von Kindern aus biologischen Zwei-Eltern-Familien. Sie arbeitete also mit einer so genannten Kontrollgruppe (was Wallerstein nicht tat). Außerdem verwendete Hetherington mehr und recht unterschiedliche wissenschaftliche Verfahren und Methoden, um die Scheidungsfolgen zu untersuchen: Sie setzte etwa Interviews, Fragebögen, Standardtests und Beobachtungsmethoden ein. So beobachtete sie mit ihrem Forscherteam beispielsweise die Familie im häuslichen Umfeld zwischen Schulende und Schlafengehen, bei Unterhaltungen am Tisch und beim Lösen von Problemen und Konflikten.

Hetherington verwendete auch Tagebücher: An drei Tagen in der Woche mussten die Eltern jede halbe Stunde notieren, wo sie mit wem waren, was sie taten und wie sie sich fühlten: z. B. wann jemand Sex hatte, wann es Konflikte mit der Mutter gab, wann ein Kind getröstet werden musste etc. (ein interessantes Nebenprodukt dieser Tagebucherhebung war z. B., dass Frauen unter Gelegenheitssex sehr viel mehr litten als Männer; im Zeitraum der Studie gab es sieben Selbstmordversuche, alle unternommen von Frauen nach Gelegenheitssex). Vor allem die Kinder wurden sehr genau unter die Lupe genommen: Sie wurden allein beobachtet und im Umgang mit Eltern, Geschwistern, Gleichaltrigen. Sie wurden im familiären Umfeld, auf dem Spielplatz und in Laborsituationen (Familienexperimente) beobachtet. Eltern, Lehrer und geschulte Beobachter sollten des Weiteren die Kinder nach bestimmten Kriterien einschätzen.

Was sofort auffällt, ist, dass in den Untersuchungen von Hetherington – im Vergleich zur Studie von Wallerstein – sehr viel mehr Familien mit breiter gefächerten, vielfältigeren Forschungsmethoden untersucht wurden. Zudem wurden nicht nur Familien untersucht, die mit der Scheidungs- oder Trennungssituation allein nicht mehr klarkamen und deshalb professionelle Hilfe suchten – wie Wallerstein dies eben tat. Diese Unterschiede haben dazu geführt, dass in der wissenschaftlichen Fachwelt in der Regel die Ergebnisse der Hetherington-Untersuchung als aussagekräftiger und verlässlicher betrachtet werden. Beispielhaft hierfür formuliert Froma Walsh in einem der weltweit wichtigsten Standardwerke der familientherapeutischen Forschung (Walsh, 2003, S. 13, Übersetzung durch die Autoren): »Alarmierungsbotschaften, dass Scheidung/Trennung unabwendbar alle betroffenen Kinder beschädigt, basierend auf Studien mit einer geringen Auswahl von nicht repräsentativen Familien, konnten in sorgfältig durchgeführten und empirisch gut kontrollierten Untersuchungen nicht bestätigt werden.« Die Befunde von Wallerstein hingegen werden gern von konservativ orientierten Gruppierungen zitiert, um einer familienideologischen Ausrichtung einen wissenschaftlichen Anstrich zu geben.

Wir denken, dass beide Untersuchungen wertvolle Hinweise geben zu einem differenzierteren Verständnis von Scheidungs- und Trennungsfolgen für Kinder – und Erkenntnisse eröffnen, wieso die wissenschaftlichen Befunde hierzu oft so verwirrend in der Gesamtschau erscheinen. Der springende Punkt scheint zu sein, dass einerseits genau unterschieden werden muss zwischen schmerzhaften Erinnerungen und Stresserfahrungen rund um das Scheidungsgeschehen, die sehr lange, manchmal ein Leben lang »Gefühlsspuren« hinterlassen können, und anderseits anhaltenden psychischen Störungen und Beziehungsschwierigkeiten im späteren Leben. Mit anderen Worten: Scheidung oder Trennung kann bei den Betroffenen dauerhafte Gefühle etwa von Traurigkeit und Sehnsucht (nach Geborgenheit), die Neigung zu Besorgnis in Beziehungsdingen oder Reue erzeugen, ohne dass – und das ist das Entscheidende – die seelische Gesundheit und die Fähigkeit, dennoch befriedigende Beziehung zu führen, leiden würde. Genau zu diesem Ergebnis kommen die verschiedenen Studien, wenn man sie in der Gesamtschau betrachtet, auch immer wieder.

Einige Studien, wie etwa auch die von Wallerstein, zeichnen sehr gut die schmerzhaften und schwierigen Aspekte in prägnanten Einzelschicksalen nach – und richten so das Augenmerk auf das krisenhafte und gefährliche Moment von Scheidung und Trennung. Diese Studien zeigen: Scheidung ist mit Verletzungen verbunden, die sich durch die Tatsache, dass es Kindern nach einer Scheidung langfristig gesehen nicht schlechter geht als Kindern aus intakten Familien, nicht einfach »wegzaubern« lässt.

Andere Studien, wie beispielsweise die von Hetherington, beziehen sich eher auf das psychische und soziale »Funktionsniveau« von Betroffenen und können zeigen, dass dieses sich langfristig betrachtet nicht wesentlich unterscheidet von Menschen, die in »intakten« Familienverhältnissen leben. Manche Untersuchungen gehen sogar noch einen Schritt weiter und können sogar spezifische Stärken bei von Scheidung oder Trennung Betroffenen identifizieren. Alle haben irgendwie Recht – aus ihrer jeweiligen Perspektive heraus. Erst die unterschiedlichen Forschungsperspektiven ergeben ein stimmiges Bild, auf dem aufbauend dann auch sich spezifische Risikofaktoren aufzeigen lassen.

Deshalb plädieren wir dafür, dass Wissenschaftler, Psychologen und Pädagogen, aber auch Journalisten die vielfältigen Erkenntnisse über die Effekte von Scheidung und Trennung auf Kinder differenzierter berücksichtigen. Nur dies kann zu einer hilfreichen gesellschaftlichen Diskussion führen, die nicht in moralinsaurer und katastrophisierender Angstmacherei verharrt, aber sich auch nicht bequem auf dem bagatellisierenden Motto »Ist doch alles nicht so schlimm« ausruht.

Mit Scheidungen scheinbar verbundene langfristige Verhaltensprobleme bei Kindern und Jugendlichen sind häufig ein Resultat der chronisch gestörten Paarbeziehung der Eltern. Es ist anzunehmen, dass viele dieser Verhaltensstörungen nicht aufgetreten wären, wenn frühzeitig professionelle Hilfe angestrebt worden wäre oder sich die Eltern schon früher getrennt hätten. Ein Aushalten und Aussitzen grundlegender Konflikte mag sich in Politik und Arbeitsleben teilweise bewähren – in intimen Paar- und Familienbeziehungen ist eine solche Abwartehaltung jedoch unangebracht.

Astrid und Norbert kennen sich schon seit ihrer Jugendzeit und haben seitdem eine Beziehung miteinander. Die ersten Jahre waren für Astrid schön: Sie mochte Norberts lockere Art, mit Menschen umzugehen, und liebte es, mit ihm Motorrad zu fahren. Nach ein paar Jahren zog Norbert zu Astrid. Beide studierten und arbeiteten viel. Norbert saß meist vor seinem Computer, auf andere Leute hatte er nun nur noch wenig Lust. Seitdem er bei Astrid lebte, schaute er abends am liebsten fern. Astrid studierte Jura und war gern mit anderen Leuten unterwegs. Schon damals hatte Astrid gelegentlich ein seltsames Gefühl in ihrer Partnerschaft, doch redete sie mit Norbert nicht darüber und hoffte stattdessen, dass ihr Unbehagen von selbst verschwinden würde.

Norbert und Astrid heirateten ein Jahr später, in ihrer Beziehung veränderte sich jedoch nichts. Es war mittlerweile jedes Mal ein Drama, Norbert dazu zu bewegen, mit Astrid etwas zu unternehmen. Astrid vermochte schlecht zu artikulieren, was ihr in der Beziehung fehlte, und Norbert hatte keine große Lust, überhaupt zu reden; er war zufrieden. Astrid setzte alle Hoffnung auf ein gemeinsames Kind. Tatsächlich erwartete sie zwei Jahre später ein Kind, doch an der Beziehung änderte sich nach wie vor nichts. Wiederum zwei Jahre später lernte Astrid einen anderen Mann kennen, verliebte sich in ihn, trennte sich von Norbert und lebt heute mit ihm und ihrer Tochter Janine zusammen.

Unwohlsein in einer Beziehung muss zur Sprache gebracht, Konflikte müssen ausgefochten werden. Eine ständige Vertröstung, dass sich schon alles wie von Zauberhand irgendwie selbst lösen werde, hilft tatsächlich nicht weiter, und Nichtstun kann zu schmerzhaften Folgen führen. Für eine gut funktionierende Beziehung ist es wichtig, dass man den Dingen und Schwierigkeiten ins Auge sieht.

Positive Auswirkungen von Scheidung und Trennung

Die öffentliche Diskussion um das Thema Scheidung ist ideologisch stark eingefärbt. Völlig unberücksichtigt bleibt, dass sich eine Trennung der Eltern unter bestimmten Umständen auf Kinder nachweislich positiv auswirken kann.

- **Ausstieg aus dem chronischen Konflikt zwischen den Eltern:** Latente Spannungen und offene Konflikte beeinträchtigen das Familienklima und die emotionale Atmosphäre maßgeblich. Durch die Trennung der Eltern wird diese die Kinder oft belastende Situation beendet.
- **Psychische Reife und Stabilität:** Nach der Verarbeitung der Trennungsphase verfügen viele Kinder aus Scheidungs- und Trennungsfamilien im Vergleich zu ihren Altergenossen über eine größere psychische Reife und Stabilität, denn sie haben die Erfahrung gemacht, einen schmerzlichen Verlust verkraften und sogar konstruktiv verarbeiten zu können.
- **Zukünftige Konfliktsituationen erscheinen weniger bedrohlich:** Der Soziologe Andrew Cherlin konnte in Studien zeigen, dass Kinder aus Scheidungs- und Trennungsfamilien sich durch schwerwiegende Konfliktsituationen weniger schnell verunsichert fühlen als Kinder aus so genannten »vollständigen« Familien. Sie haben Krisen teilweise schon frühzeitig als Bestandteil des Lebens erfahren.
- **Selbstständigkeit und Kooperationsbereitschaft:** Im Vergleich zu gleichaltrigen Kindern aus Zwei-Eltern-Familien verfügen Kinder aus Scheidungs- und Trennungsfamilien über ein größeres Verantwortungsgefühl, größere Selbstständigkeit und Kooperationsbereitschaft. Die Gefahr, Kindern alle Aufgaben und Verantwortung abzunehmen, ist in Ein-Eltern-Familien geringer.
- **Verantwortungsgefühl und Vertrauen in die eigenen Kräfte:** Kinder aus Scheidungs- und Trennungsfamilien sehen sich einer großen Verantwortung gegenüber, entwickeln dadurch aber auch ein großes Vertrauen in die eigenen Kräfte. Im Zusammenhang mit der Diskussion um die Ergebnisse der Pisa-Studie wird derzeit vermehrt darauf hingewiesen, dass von

Kindern mehr Frustrationstoleranz, Eigenverantwortlichkeit und Selbstvertrauen gefordert werden muss.

- **Geschlechterrollenflexibilität:** Kinder aus Scheidungs- und Trennungsfamilien gehen jenseits von gängigen Geschlechterstereotypen flexibler mit Geschlechterrollen um. In den getrennten Haushalten ihrer Eltern erleben sie, dass auch ein Mann kochen, saubermachen und ein Kind ins Bett bringen und dass auch eine Frau Regale anbringen, einen Ganztagsberuf ausüben und außerdem soziale Kontakte pflegen kann. Zudem sind sowohl Jungen als auch Mädchen in Haushalten alleinerziehender Eltern in die täglich notwendige Hausarbeit mit eigenen Aufgaben eingebunden.

- **Realistischere Vorstellungen bezüglich Ehe und Partnerschaft:** Als Erwachsene verfügen Kinder aus Trennungs- und Scheidungsfamilien häufig über realistischere Vorstellungen zu Ehe und Familie und arbeiten intensiver daran, dass ihre Beziehungen gelingen. Dies bedeutet nicht, dass Kinder aus Scheidungsfamilien weniger häufig geschieden werden. Es gibt sogar Studien (z. B. von dem Professor für empirische Sozialforschung Andreas Diekmann zur »sozialen Vererbung des Scheidungsrisikos«), die darauf hinweisen, dass Kinder aus Trennungs- und Scheidungsfamilien häufiger als Kinder aus Zwei-Eltern-Familien Scheidung oder Trennung als Option wählen. Doch wie bereits mehrfach betont: Die Dauer einer Beziehung steht in keinem Verhältnis zu ihrer Qualität.

- **Mehrere »Heimaten«:** Viele Kinder genießen es, zwei Kinderzimmer zu haben oder jeweils zweimal Weihnachten und Geburtstag zu feiern. Untersuchungen haben zudem gezeigt, dass sich Kinder, entgegen den landläufigen Vorurteilen, in der Regel gut an eine abwechselnde Unterbringung anpassen. In unterschiedlichen Haushalten betreute Kinder zeigen meist eine hohe Zufriedenheit und nur geringe »Übergangsschwierigkeiten«. Ausnahmen bilden Konstellationen, in denen nach der Trennung zwischen den Eltern weiterhin ständig schwere Konflikte und Auseinandersetzungen stattfinden, wobei zudem die Kinder instrumentalisiert werden. In solchen Fällen sollte von einer abwechselnden Beherbergung abgesehen werden.

- **Bessere Beziehungen zwischen Kind und Vater:** Häufig gestaltet der nicht im Haushalt lebende Elternteil (zumeist immer noch der Vater) die gemeinsame Zeit mit den Kindern bewusster und intensiver als vor der Trennung. »Geschiedene Väter bewerten die Qualität ihrer Beziehung zum Kind besser, als dies verheiratete Väter tun, und können sich auch alleiniges Sorgerecht besser vorstellen als diese«, so der »Väterforscher« Lucio Decurtins.

- **Bessere Beziehung zu den eigenen Kindern:** Eltern, vor allem Väter, aus Trennungs- und Scheidungsfamilien haben oft eine intensivere Beziehung zu ihren Kindern als Väter in Zwei-Eltern-Familien. Frauen berichten, dass die Kindererziehung ohne einen Mann viel einfacher und erfüllender sei als mit einem Mann, der sie nicht unterstützt und sogar boykottiert.

- **Besserer Schutz vor Kindesmisshandlung:** Kindesmisshandlung tritt verstärkt in traditionellen Zwei-Eltern-Familien auf und viel seltener in alternativen Familienformen, betont der Psychologieprofessor Udo Rauchfleisch in seinem Buch *Alternative Familienformen*. Und auch auf die Persönlichkeitsentwicklung und die familiäre Lebenssituation von Erwachsenen kann sich eine Trennung oder Scheidung durchaus positiv auswirken.

- **Größere Kompetenz in kooperativen Erziehungsstilen:** Alleinerziehende entwickeln eine größere Sicherheit, wenn es darum geht, eine Balance zwischen den eigenen Bedürfnissen, Wünschen und Pflichten und denen ihrer Kinder herzustellen. Ein kooperativer Erziehungsstil ist dabei jedoch nicht zu verwechseln mit einer antiautoritären oder grenzenlosen Pädagogik, die zweifelsohne mehr schadet als guttut.

- **Größere soziale Fähigkeiten alleinerziehender Mütter:** Alleinerziehende Mütter pflegen nachweislich mehr soziale Kontakte und haben mehr Ansprechpartner bei Problemen als verheiratete Mütter. Laut Studien der Scheidungsforscherin Mavis Hetherington berichten die meisten Frauen, dass sie mit ihrer familiären Situation viel zufriedener sind und sich menschlich reifer fühlen als in den Jahren vor der Scheidung.

- **Besseres Einfühlungsvermögen in schwierige Lebenssituationen anderer Menschen:** Eltern aus Trennungs- und Scheidungsfamilien können sich, da sie selbst viele Abgründe und Brüche durchlebt haben, eher in komplexe Lebenssituationen ihrer sozialen Umwelt hineinversetzen.

»Scheidungskinder« lassen sich in ihrem späteren Leben selbst vermehrt scheiden

Vergleicht man in großen Studien mit oft Zehntausenden von Teilnehmern die Ehen von Kindern geschiedener und nichtgeschiedener Eltern, dann ergibt sich ein recht eindeutiges Bild, und zwar unabhängig davon, ob diese Studien in Deutschland, Skandinavien oder den Vereinigten Staaten durchgeführt werden: Kinder geschiedener Eltern lassen sich häufiger selbst in ihrem späteren Leben scheiden als Kinder nichtgeschiedener Eltern. In Amerika hat sich für diesen Sachverhalt der Begriff *divorce cycle* etabliert, Soziologen sprechen von der »transgenerationalen Scheidungstransmission«. Diese Erkenntnis wird gern herangezogen, um zu verdeutlichen, dass Scheidungskinder eine Art schweren Beziehungsschaden durch die Trennung ihrer Eltern abbekommen haben – und eben deshalb selbst keine Ehe mehr so richtig führen können.

Wie lässt sich dieser Umstand jenseits aller familienideologisch eingefärbten Interpretation noch deuten? Verschiedene Überlegungen wurden von Fachleuten dazu angestellt. Die plausibelste Erklärung geht davon aus, dass für Kinder aus Scheidungsfamilien Trennung und Scheidung eine Art erlerntes und legitimes Konfliktlösungsmuster darstellen, da für sie eine Ehe eben keine »heilige Kuh« mehr ist und sie Ehe nicht mit derselben Verbindlichkeit betrachten wie Kinder ungeschiedener Eltern. Dies hat Vor- und Nachteile: Der Vorteil eines solchen Konfliktlösungsmusters ist, dass die Wahrscheinlichkeit sinkt, in einer unerträglichen Beziehungssituation zu verharren und in dieser krank zu werden. Nachteilig wirkt sich aus, dass auch die Bereitschaft sinkt, Unglück und Stress auszuhalten und durchzustehen. Interessanterweise, so hat der amerikanische Soziologe Nicholas Wolfinger festgestellt, unterscheiden sich Kinder von geschiedenen und nichtgeschiedenen Eltern nicht, was die Aufrechterhaltung und Beendigung von nichtehelichen Lebensgemeinschaften betrifft.

Was tun und lassen bei Trennung und Scheidung?

Die Falle der sich selbst erfüllenden Prophezeiungen

Befürchtungen in Bezug auf Scheidung und Trennung entpuppen sich manchmal als sich selbst erfüllende Prophezeiungen, denn Scheidung und Trennung werden häufig nicht nur von Außenstehenden, sondern auch von den Betroffenen selbst als Versagen und großer Fehler wahrgenommen und bewertet. Ein sich als Verlierer fühlender Mensch neigt dazu, sich zu bejammern und selbst zu sabotieren, anstatt alle seine Kräfte zusammenzunehmen. Nicht selten wird die Schuld an dieser Lebenssituation allein dem Expartner zugeschoben und diese Schuldzuweisung auf direkte oder indirekte Weise den Kindern vermittelt. Mit dieser inneren Haltung des Versagens bestraft sich die betroffene Person nicht nur selbst, sie lässt zudem Chancen des Wachstums und der Veränderung nach der Trennung ungenutzt.

Die Simulation einer biologischen Kernfamilie

Eine nächste große Falle ist die Illusion »Beim nächsten Mal wird alles besser«. Nichts ist für Kinder und alle an der Scheidung Beteiligten schädlicher als der Versuch, beim zweiten Anlauf eine biologische Kernfamilie zu simulieren und somit eine wirklichkeitsferne Scheinwelt aufzubauen. Auf die Gefahren, die damit zusammenhängen, wurde bereits hingewiesen.

Frau Schmidt-Barber ersucht familientherapeutische Unterstützung aufgrund großer Schwierigkeiten im Umgang mit ihrem ältesten Sohn Tobias. Zwei Jahre zuvor, im Alter von 19 Jahren, erkrankte dieser an einer Psychose, die einen dreimonatigen stationären Aufenthalt in der Psychiatrie erforderte. Seit seiner Entlassung nimmt Tobias regelmäßig Medikamente, es traten keine weiteren psychotischen Episoden auf.

Dennoch gestaltet sich der Umgang der Familie mit der Erkrankung, die potenziell jederzeit wieder ausbrechen kann, kompliziert. Vor allem das Verhältnis zwischen Tobias und seinem Stiefvater erweist sich im ersten Therapiegespräch als äußerst belastet. Der Stiefvater behandelt Tobias subtil »von oben herab«, während Tobias Herrn Barber teilweise aggressiv begegnet. Seit fünf Jahren lebt Frau Schmidt-Barber mit Tobias und seiner vier Jahre jüngeren Schwester Julia, ihren Kindern aus erster Ehe, und Herrn Barber, ihrem zweiten Ehemann, in einer gemeinsamen Wohnung. Julia spricht Herrn Barber mit »Papa« an, während Tobias ihn bei seinem Vornahmen »Jürgen« nennt.

Dies macht uns neugierig, und wir erkundigen uns nach dem leiblichen Vater. Wir erfahren, dass der Kontakt zu diesem von Tobias und Julia schon vor mehreren Jahren abgebrochen wurde. Beide Kinder sind nicht gut auf ihren leiblichen Vater zu sprechen. Die Mutter erzählt, er sei früher als Pfarrer in der Friedensbewegung sehr aktiv gewesen. Vor 15 Jahren habe sie sich von ihm scheiden lassen. Seitdem habe er sich zu einem politisch rechts bis extrem rechts Stehenden gewendet. Weiterhin erfahren wir, dass Tobias den Weggang seines Vaters aus der Familie nicht gut verkraftet und in seiner Psychose Anweisungen von Adolf Hitler empfangen hat. Der Eindruck von dieser Familie ist beim ersten

Gespräch vielschichtig: Einerseits sind alle Familienmitglieder um den Zusammenhalt der Familie äußerst bemüht und betonen wiederholt dessen Wichtigkeit. Andererseits wirkt jede unserer Fragen wie ein Stich ins Wespennest und löst sofort Streitigkeiten aus. Die Familie ist mit aller Kraft darum bemüht, glückliche Kernfamilie zu spielen – eine Aufgabe, die sich als tatsächlich unlösbar erweist.

Der Versuch, den nicht im Haushalt lebenden Elternteil aus dem neuen Familienleben auszustoßen bzw. zu ignorieren, ist charakteristisch für Schein-Kernfamilien, scheitert aber häufig.

Der wichtigste Schutzfaktor für Kinder: Eine gute Beziehung zum »aushäusigen« Elternteil

Nach einer Scheidung leben Väter meistens getrennt von ihren Kindern. Der Anteil alleinerziehender Väter an allen Alleinerziehenden lag im Jahr 2003 bei knapp zehn Prozent. Damit stieg die Rate alleinerziehender Väter im Vergleich zu 1991 zwar um zwei Drittel an, dennoch leben die meisten Kinder nach einer Scheidung oder Trennung nach wie vor ungleich häufiger bei der Mutter.

Wer die Diskussion um die Beziehung der Väter zu ihren Kindern nach einer Trennung genauer betrachtet, stößt auf eigenartige Ungereimtheiten. Zum einen wird allseits beklagt, dass sich geschiedene Väter zu wenig oder gar nicht um ihre Kinder kümmern. Es wird ihnen mangelnde reale Präsenz und Verantwortungslosigkeit gegenüber ihren Sprösslingen vorgeworfen. Gern schimpfen alleinerziehende Mütter über die Männer, die sich oft schon frühzeitig aus dem Staub gemacht hätten. Wenngleich die Anzahl solcher Berichte vergleichsweise gering ist, dominieren sie doch immer noch das Bild von Vätern nach der Trennung. Zum anderen gibt es Dutzende von Untersuchungen, die die Notwendigkeit belegen, dass der Kontakt zu den Vätern auch nach der Trennung so weit wie möglich aufrechterhalten werden sollte.

Der regelmäßige Kontakt zwischen Kindern und dem außerhalb des Haushalts lebenden Elternteil stellt sich in vielen Fällen als der wichtigste Schutzfaktor für eine günstige Verarbeitung der Trennung seitens der Kinder dar. Die amerikanische Psychologin Judith Wallerstein erforscht seit drei Jahrzehnten die Auswirkungen elterlicher Trennung und Scheidung auf Kinder (Wallerstein und Kelly, 1980, S. 134):

> Während unserer ersten Interviews äußerten Kinder mit erstaunlicher und ergreifender Intensität den Wunsch nach mehr Kontakt zu ihren Vätern … Klagen über nicht genügende Besuche äußerten nicht nur jene Kinder, die ihren abwesenden Elternteil selten sahen, sondern auch diejenigen, die ziemlich oft Besuch bekamen … Dieses intensive Verlangen nach mehr Kontakt blieb während vieler Jahre unvermindert, auch noch lange nachdem die Ehescheidung als eine unveränderte Tatsache des Lebens akzeptiert worden war.

Interessanterweise, so legen Forschungsergebnisse nahe, wünschen sich Mädchen deutlich mehr, dass der außer Haus lebende Vater Anteil an ihrem alltäglichen Leben nimmt, als dies Jungen tun. Auch gibt es Situationen, in denen ein intensiverer Kontakt zum außer Haus lebenden Vater problematisch erscheint, etwa aufgrund von psychischen Störungen des Vaters, die es ihm unmöglich machen, den Kontakt zum Kind für dieses hilfreich zu gestalten.

Einfluss auf die Qualität des Kontaktes zwischen dem außer Haus lebenden Vater und seinem Kind haben außerdem folgende Aspekte:

• die Qualität der Beziehung zwischen den leiblichen Eltern,
• die Qualität der Beziehung zwischen Kind und Vater,
• der Umstand, dass der Vater auch erzieherische, »autoritative« Funktionen übernimmt (und nicht nur Kumpel und Freizeitpapa ist).

Wenig Einfluss auf die Qualität des Kontaktes hat hingegen die schiere Menge der gemeinsam verbrachten Zeit.

Wichtig ist, dass das Bedürfnis und das Wohlergehen des Kindes beim Umgang mit dem Vater im Vordergrund stehen – und nicht das »Recht« des Vaters, sein Kind zu sehen, wann es ihm gerade passt. Kinder haben ein Grundbedürfnis nach Liebe, Stabilität und Konsistenz. Wenn die Gestaltung des Umgangs mit dem Vater diese Grundbedürfnisse untergräbt, dann schadet der Kontakt mit dem Vater eher, als dass er hilfreich erscheint. Diese Argumentation sollte nun aber nicht von den Frauen dazu missbraucht werden, um sich an ihrem Ex zu rächen – frei nach dem Motto: »Der Kerl hat einen Dachschaden, deshalb darf er das Kind nicht mehr sehen«.

Der Anteil psychischer Probleme im Kontext von Trennung und Scheidung ist zwischen den Geschlechtern durchaus ungefähr gleich verteilt, wenngleich Männer und Frauen zu unterschiedlichen psychischen Reaktionen neigen: Frauen bevorzugen tendenziell etwa eher psychosomatische Symptome, Männer greifen lieber zur Flasche. Beide Elternteile sind in der Nachscheidungszeit oft zunächst einmal sehr mit sich selbst und mit den eigenen emotionalen Reaktionen auf die Scheidung beschäftigt. Dementsprechend verwundert es auch nicht, dass Nachscheidungseltern anfälliger für psychische Störungen (wie Depressionen, Alkoholismus) und körperliche Probleme sind, als Eltern, die momentan recht krisenfrei durchs Leben spazieren. Gerade weil sich dies so verhält, ist es wichtig, dass solche »Nachscheidungsdurchhänger« bei den Kindern vom jeweils anderen Elternteil abgefangen werden.

Interessanterweise haben Kinder manchmal selbst ein recht gutes Gespür dafür, ob ihnen der Kontakt zum außer Haus lebenden Vater gut tut oder nicht: Manche Kinder vermeiden den Kontakt zum Vater oder besuchen ihn nur widerstrebend. Dies kann vor allem überall dort beobachtet werden, wo der Vater eine psychische Störung hat und/oder wo Desinteresse und überhöhte

Selbstbezogenheit seitens des Vaters mit der Entwicklung und Aufrechterhaltung einer bedeutsamen Eltern-Kind-Beziehung nicht zu vereinbaren sind.

Insgesamt betrachtet hängt es von einer ganzen Reihe verschiedener Einflüsse ab, ob ein Kind gern zum außer Haus lebenden Vater geht oder nicht, z. B. als da wären

- Persönlichkeitsprobleme und erzieherische Defizite der Eltern,
- feindliches oder abwertendes Verhalten der Eltern untereinander, das eine Entfremdung fördert,
- bestimmte Persönlichkeitseigenschaften des Kindes, etwa eine Neigung zu seelischer Instabilität.

Sehr hilfreiches Material zur Gestaltung des Kontaktes mit dem außer Haus lebenden Elternteil bietet das vom Bundesministerium für Familie, Senioren, Frauen und Jugend geförderte Heft *Wegweiser für den Umgang nach Trennung und Scheidung: Wie Eltern den Umgang am Wohl des Kindes orientieren können* (diese sehr empfehlenswerte Broschüre ist zu beziehen über www.liga-kind.de, www.kinderschutzbund.de, www.vamv.de). Hier finden sich sehr fundierte Tipps u. a. dazu, was beim Umgang mit dem außer Haus lebenden Elternteil zu regeln und was zu beachten ist, damit der Umgang gelingt.

Allerdings muss auch festgehalten werden: Finden regelmäßige Kontakte zwischen Kindern und ihren Vätern nicht statt, so ist dies meistens nicht Ausdruck mangelhaften Bemühens seitens der Väter, sondern oft ein Resultat scheinbar unlösbarer Konflikte zwischen den Eltern. Die Ursachen können, häufiger als allgemein angenommen, Ergebnis eines »Machtmissbrauchs« durch Mütter sein bzw. auf die Inkompetenz von Jugendämtern und Gerichten zurückgehen. So war im Nachrichtenmagazin *Der Spiegel* 2002 zu lesen:»Im Scheidungsdrama werden Kinder zu Opfern: Aus Rache und Hass verwehren vor allem Mütter ihren Ex-Partnern jeden Kontakt mit ihnen.«

Inzwischen gibt es recht zuverlässige Zahlen und Angaben darüber, wie Väter den Kontakt zu ihren Kindern hinsichtlich Häufigkeit und Qualität gestalten:

- 25 Prozent der Kinder und Jugendlichen haben nach Trennung oder Scheidung wöchentlich oder öfter Kontakt zum außer Haus lebenden Vater; 20 Prozent haben keinen Kontakt oder sehr wenige Kontakte (ein bis vier Mal pro Jahr); 18 bis 25 Prozent der Kinder haben zwei bis drei Jahre nach der Trennung oder Scheidung überhaupt keinen Kontakt mehr zum außer Haus lebenden Vater.
- Ein vermindertes Engagement für die Kinder seitens des außer Haus lebenden Vaters ist häufig eine Folge von räumlicher Distanz, einem niedrigen sozioökonomischen Status des Vaters oder seiner Wiederheirat.
- Ein erhöhtes väterliches Engagement zeigt sich, wenn das Kind ein Junge ist, ein niedriges Konfliktniveau zwischen den Eltern besteht, wenn Mediation (also eine Konfliktberatung mit dem Ziel, eine einvernehmliche Regelung zu finden) in Anspruch genommen wurde und wenn der außer Haus lebende Vater das Gefühl hat, auch Einfluss auf die Entscheidungen zu haben, die das Kind betreffen.

Es haben sich allerdings, so die Wiener Psychologin Alrun Trebo, inzwischen Strategien und Mechanismen etabliert, mit deren Hilfe der Vater nach der Scheidung aus der Familie ausgegrenzt werden soll. Sie laufen den für die Entwicklung und Gesundheit des Kindes positiven und hilfreichen Beziehungsprozessen zwischen Vater und Kind zuwider.

In Deutschland folgen Gerichte wie Jugendämter meist immer noch der Devise »Alle Macht den Müttern«. Verlierer in diesem abertausendfach geführten Kampf sind letztlich immer die Kinder. Gerade in Fragen des Sorge- und Umgangsrechts hinkt die Praxis deutscher Rechtsprechung weit hinter der in den USA und vielen europäischen Nachbarländern her. Beispielsweise kann in Norwegen Elternteilen, die sich nicht an die außergerichtlich als Schlichtung vereinbarte Regelung halten, das Sorgerecht entzogen werden, was auch praktiziert wird. Dies führt dazu, dass dort der gerichtlich verfügte Umgang eben auch stattfindet, dass also den Kindern das Recht auf beide Elternteile auch wirklich zuteil wird.

Im Folgenden hinterfragen wir die Argumente, die immer wieder angeführt werden, um eine Trennung des Kindes von einem Elternteil außerhalb des Haushalts zu rechtfertigen.

Das Zerissenheitsargument

»Das Kind wird durch häufigen Kontakt- und Wohnraumwechsel hin- und hergerissen, sitzt zwischen zwei Stühlen und weiß gar nicht richtig, wohin es gehört.«

Dieses Argument konnte empirisch bisher noch nie untermauert werden. Im Gegenteil: Kinder mit gleichmäßig abwechselnder Beherbergung zeigen nachweislich minimale Probleme, vorausgesetzt, die Eltern leben nicht im ständigen Krieg miteinander. Das Wohlergehen der Kinder entscheidet sich wesentlich danach, wie die Bezugspersonen und die Kinder selbst das Leben an zwei Orten bewerten. Ob Kinder es als Bereicherung erleben, zwei Heimatoptionen zu haben, hängt vor allem davon ab, ob die Eltern den Kindern eine solche Sichtweise »erlauben«.

Ein elfjähriger Junge berichtet (aus dem Buch *Alternative Familienformen* von Udo Rauchfleisch):
Am Montag und Dienstag bin ich immer bei Eva, am Mittwoch bei Peter und am Donnerstag und Freitag sowie an den Wochenenden abwechslungsweise am einen oder am anderen Ort. Ich finde es toll, zwei Zimmer zu haben. Ich habe an beiden Orten viele Fotos von Fußballern, bei Peter habe ich einen Computer. Mein Leben ist an beiden Orten ähnlich. Ich bin viel in der Schule, mache Aufgaben, und ich gehe oft ins Training, weil ich ja später Fußballprofi werden will. Mit Peter gehe ich öfter zu Fußballspie-

len. Wir machen zusammen Velotouren, auch in den Ferien. Mit Eva besuche ich dafür häufiger das Kino, und Ferien machen wir am Meer. Die Regeln sind bei meinem Vater und bei meiner Mutter nicht wesentlich unterschiedlich: Mit Eva darf ich am Dienstagabend den Krimi schauen. Peter ist eher dagegen. Er macht selbst Filme und findet das Fernsehen ziemlich blöd. Im Haushalt helfen muss ich an beiden Orten wenig. Bei Peter decke ich den Tisch und räume ab. Das ist mein Ämtli. Ich helfe auch beim Kochen. Meistens mache ich Salat. Bei Eva gibt es keine festen Ämtli. Manchmal bittet sie mich, etwas zu helfen, und dann mach' ich das halt … Am tollsten fände ich, wenn meine Eltern zusammenleben würden. Aber ich weiß schon, dass das nicht geht. Ich bin sehr empfindlich, wenn sich Eva und Peter streiten. Und so, wie wir jetzt leben, gibt es sicher am wenigsten Streit. Ich habe beide sehr gern und für mich ist es toll, dass ich bei beiden wohnen kann. Ich freue mich jedes Mal, zu Peter zu gehen, und ich komme auch gern zu Eva zurück.

Es ist auffallend, dass der Junge sein Leben an beiden Wohnorten ähnlich beschreibt. Dies geht auf konstante Rahmenbedingungen zurück, wie Zeit für Hausaufgaben, ein eigenes Zimmer, Besuch des Fußballtrainings usw. Er erlebt Konstanten in seinem Alltag und empfindet andererseits die Abwechslung als Bereicherung, auch und vor allem aufgrund der Möglichkeit, regelmäßig beiden Eltern nahe sein zu können. Dabei profitiert er von der räumlichen Nähe seiner Eltern, die in derselben Stadt wohnen.

Es ist ungemein wichtig, dass Sie als Eltern die Konstanten im Leben Ihres Kindes erkennen und pflegen. Gerade bei der räumlichen Trennung ist das wesentlich, damit diese nicht als aufreibend empfunden wird.

Das Ruhe-Argument

»Es soll endlich wieder Ruhe in die neue Familie einkehren. Das ist nur möglich, wenn der außer Haus lebende Vater möglichst wenig Kontakt zum Kind hat.«

Dieses Argument wird häufig angeführt, wenn die Mutter einen neuen Partner hat. Es wird aus dem Hut gezaubert, wenn eines der beiden Elternteile eine neue Familie gründen will, mit der Absicht, die biologische Kernfamilie nachzuspielen, anstatt sich den realistischen Chancen und auch Schwierigkeiten einer Fortsetzungsfamilie zu stellen.

Haben Sie Mut, die Patchworkfamilie als Chance zu sehen und sie nicht zugunsten einer Idealfamilien-Illusion zu verleugnen. Gerade für die Kinder kann die Beziehung zu »alter« und »neuer« Familie sehr wichtig sein.

Das Trauer-Argument

»Durch den Kontakt zum Vater wird immer wieder eine alte Wunde aufgerissen, und das Kind erlebt erneut die damit verbundenen schmerzlichen Empfindungen.«

Es ist völlig normal, dass die Trennung der Eltern bei allen Beteiligten Trauer auslöst. Doch Trauer geht vorüber, wenn sie zugelassen wird, und mündet dann in der Regel in tiefere Beziehungen. Das ängstliche Vermeiden von Trauer und trauerauslösenden Situationen führt im Gegenteil dazu, dass Trauerprozesse nicht beendet werden können. Wenn alle Beteiligten der Trennung gemeinsam Sinn und Bedeutung verleihen, kann Trauer fruchtbar werden. Helfen auch Sie Ihrem Kind, mit Trauer umgehen zu lernen, z. B., indem Sie es ihm zugestehen, dass es weinen und sich elend fühlen darf. Erklären Sie ihm, dass Trauer ihre Zeit braucht und dass jeder anders trauert. Lassen Sie z. B. auch Fotos vom anderen Elternteil im Zimmer des Kindes oder in anderen Räumen Ihrer Wohnung zu.

Das Mangelnde-Kompetenz-Argument

»Der Vater wird als defizitär in seinen Erziehungs- und Fürsorgekompetenzen abgewertet.«

Dieses Argument wird dann besonders gern ins Feld geführt, wenn sich väterliche und mütterliche Pädagogik voneinander unterscheiden. Aus der Vaterforschung wissen wir, wie die Mainzer Professorin für Entwicklungspsychologie Inge Seiffge-Krenke betont, dass Väter pädagogisch genauso kompetent oder inkompetent sind wie Mütter – sie unterscheiden sich lediglich in der Art der Fehler und Defizite. Weisen Sie sich daher gegenseitig auf Dinge hin, die Sie als fragwürdig oder problematisch empfinden. Versuchen Sie, Erziehung auch nach der Trennung noch gemeinsam zu gestalten.

Der zweitwichtigste Schutzfaktor für Kinder: Ein geringes Konfliktniveau nach der Scheidung

Die Forschung zeigt eindeutig, dass ein Hauptstressfaktor für Kinder in der Nachscheidungszeit anhaltende Konflikte zwischen ihren Eltern sind. Notwendig für eine gute Regelung des Kontaktes zwischen Kind und Vater ist die Konsensbildung zwischen den getrennt lebenden Eltern. Eltern sollten in Fragen der Erziehung und Betreuung des Kindes eine gemeinsame Linie finden und sich auch um eine Einigung in Meinungsverschiedenheiten bemühen.

Die Konsensbildung wird erleichtert, wenn das Konfliktniveau zwischen den Eltern nach der Scheidung bzw. Trennung möglichst niedrig ist. Es kann nicht häufig genug betont werden, dass dies der wichtigste Faktor für das Wohlergehen des Kindes nach einer Scheidung bzw. Trennung ist. »Die Konflikthaftigkeit der elterlichen Beziehung nach der Scheidung ist ein eindeutiger Risikofaktor für die psychische Entwicklung der Kinder«, so die Familienforscherin Anneke Napp-Peters. Andauernde elterliche Streitigkeiten, sowohl vor als auch nach einer Trennung, wirken sich emotional belastend und zerstörerisch auf die Kinder aus. Manche Eltern benutzen ihre Kinder etwa dazu, feindselige Botschaften an den Expartner zu übermitteln, machen den Expartner vor den eigenen Kindern ständig schlecht oder verbieten ihnen gar, ihn in ihrer Anwesenheit auch nur zu erwähnen. All das erzeugt einen schwer zu ertragenden Stress bei Kindern und Loyalitätskonflikte, an denen sie zerbrechen können.

Eine einigermaßen kooperative Beziehung zum anderen Elternteil aufzubauen und aufrechtzuerhalten ist beileibe kein Kinderspiel. Paare trennen sich häufig gerade deshalb, weil sie bei Konflikten und Problemen trotz aller Bemühungen keine gemeinsame Lösung gefunden haben. Es reicht eben doch nicht aus, als Außenstehender »einfach nur« zu fordern: »Nun verstehen Sie sich doch mal gut! Arbeiten Sie miteinander, nicht gegeneinander!«

Gleichwohl kann das Bewusstsein dafür, wie wichtig für alle Beteiligten eine gelingende Kooperation zwischen den Eltern ist, sehr motivierend sein. Sie müssen nicht konfliktfrei und nur noch säuselnd mit Ihrem Expartner umgehen – wie auch? Es reicht aus (und das ist der springende Punkt), wenn Sie es schaffen, die Kinder aus den Konflikten herauszuhalten, das haben Studien eindeutig gezeigt. Zunächst sollten die früheren Partner anerkennen und würdigen, wie groß die Schwierigkeiten und Konflikte waren, die zur Trennung oder Scheidung geführt haben, und diese als gute Gründe respektieren.

Eine weitere Schwierigkeit besteht darin, eine kooperative Beziehung zum anderen Elternteil herzustellen, ohne gleichzeitig alte Bindungsgefühle zum Expartner zu entwickeln. Hier ist es wichtig, darauf zu achten, in welcher Rolle man gerade agiert: Bin ich jetzt im Moment Elternteil oder Expartner? Versuchen Sie an der Stelle aufmerksam zu sein und es auch zu bleiben. Wenn es um die Kinder geht, z. B. um Besuchsregelungen oder Absprachen bezüglich der Schule, dann sind Sie als Elternteil gefordert, nicht als Expartner. Das auseinander zu halten klingt womöglich ein wenig künstlich – es ist ja auch eine Kunst, aber warum sollten Kinder nicht davon profitieren, dass ihre Eltern diese Kunstfertigkeit besitzen?

Was hilft Eltern, aus Scheidungen und Trennungen gestärkt hervorzugehen?

Rechnen Sie in den ersten Jahren nach der Trennung mit Problemen und Belastungen unterschiedlichster Art

Nicht selten glauben Menschen in der Trennungsphase oder kurz nach einer Trennung, dass nun alles viel einfacher und besser werden wird. Häufig folgen Probleme und emotionale Belastungen jedoch auf dem Fuß – denn eine Trennung ist tatsächlich ein einschneidendes Lebensereignis. Es ist deshalb sicher realistischer und kann zudem hilfreich sein, sich auf eventuelle Probleme und Schwierigkeiten einzustellen und vorzubereiten, allerdings ohne gleich die Zukunft nur in düsteren Tönen zu malen. Vertrauen Sie stattdessen auf Ihre positiven Kräfte, hören Sie auf Ihre Träume, nehmen Sie Ihre Lebenssituation und Ihre Umgebung achtsam wahr und sprechen Sie mit anderen Menschen über die Dinge und Fragen, die Sie bewegen.

Nutzen Sie die Trennung für Ihre persönliche Entwicklung

Dass Sie sich nach einer Trennung verletzt, enttäuscht, unzufrieden und traurig fühlen, ist verständlich. Ziehen Sie sich jedoch nicht mit Ihrem Schmerz in Ihr stilles Kämmerlein zurück, sondern bemühen Sie sich darum, aus Ihrer neuen Lebenssituation Kraft und Gewinn für sich selbst zu ziehen:

- Steigern Sie sich nicht in ein einseitiges Opfer-Täter-Denken hinein und agieren Sie keine Rachegelüste gegenüber Ihrem früheren Partner aus. Versuchen Sie stattdessen, eine gute Kooperation mit dem anderen Elternteil aufzubauen und aufrechtzuerhalten.
- Pflegen Sie soziale Kontakte, wenden Sie sich Ihren Freunden zu, schließen Sie neue Bekanntschaften.
- Widmen Sie sich Ihren Interessen und Hobbys sowie den schönen Dingen des Lebens. Mit einem Wort: Praktizieren Sie Lebenskunst.
- Scheuen Sie sich nicht, andere Menschen und einschlägige Einrichtungen um Hilfe bei der Bewältigung Ihrer neuen Lebenssituation zu bitten.

Haben Sie Geduld mit sich selbst

Es ist völlig normal, nach einer Scheidung oder Trennung Gefühle unterschiedlichster Ausprägung zu spüren. In der Regel tauchen Zweifel darüber auf, ob die Entscheidung für eine Trennung richtig war. Wut- oder Verzweiflungsausbrüche sind gerade im ersten Jahr nach der Trennung ebenfalls keine Seltenheit. Leben Sie diese jedoch nicht unreflektiert aus, sondern setzen Sie sich bewusst mit Ihren Gefühlen auseinander. Zudem werden Menschen im ersten Jahr nach der Trennung oder Scheidung häufiger krank als zuvor – das ist eine normale Reaktion des Immunsystems auf Belastungssituationen. Rufen Sie sich immer wieder ins

Gedächtnis, dass es gewichtige Gründe für die Trennung gab und dass Sie aus der Trennung und Ihrer jetzigen Lebenssituation etwas gelernt haben, und fragen Sie sich, wofür Sie Ihrem früheren Partner dankbar sind.

Lassen Sie sich Zeit

Die Fähigkeit, eine neue Beziehung ohne Druck wachsen und sich entwickeln zu lassen, ist häufig der Schlüssel zum Erfolg einer zweiten Ehe. Flüchtige Sexualkontakte nach einer Scheidung oder Trennung sind zwar keine Seltenheit und nur allzu verständlich, sie bieten jedoch oft keinen befriedigenden Weg aus der Einsamkeit.

Nehmen Sie, falls notwendig, professionelle Hilfe in Anspruch

Entdecken Sie Ihre soziale Umwelt neu und bemühen Sie sich darum, diese und Ihr persönliches Potenzial auszuschöpfen. Wenn es Ihnen jedoch nicht in befriedigendem Maße gelingt, Anpassungsprobleme allein bzw. gemeinsam mit Freunden zu bewältigen, sollten Sie sich nicht davor scheuen, psychologische Hilfe in Anspruch zu nehmen. Es gibt heute viele Familien- und Gestalttherapeuten, die in solchen Situationen kompetent professionelle Unterstützung anbieten (siehe z. B. www.dgsf.org, www.systemische-gesellschaft.de, www.gestalt.de/therapeuten-adressen/index.htm, www.ochsundorban.de). Warten Sie nicht ab, bis sich Anpassungsprobleme und Ängste verfestigt haben.

Wie können Eltern ihren Kindern helfen, aus einer Scheidung oder Trennung gestärkt hervorzugehen?

Wenn Eltern über eine Trennung nachdenken, ziehen sie meist das Alter ihrer Kinder in Betracht: »Ist unser Kind schon alt genug, um eine Trennung zu verkraften?« Grundsätzlich gibt es kein Alter per se, in dem Kinder eine Trennung der Eltern besser oder schlechter bewältigen. Oft wird erwogen, dass Kleinkinder kein Verständnis für die Trennungsgründe der Eltern aufbringen und deshalb die Trennung nicht verarbeiten können. Einiges scheint jedoch auch für die Überlegung zu sprechen, dass kleine Kinder eine Trennung leichter akzeptieren und schneller lernen, mit der neuen Lebenssituation umzugehen. Kinder im Schulalter und Jugendliche sind zwar dazu in der Lage, die Beweggründe der Eltern für eine Trennung nachzuvollziehen, was jedoch noch nicht bedeutet, dass sie diese auch anerkennen und die Trennung der Eltern problemlos gutheißen.

Viele Eltern leiden aufgrund ihrer Scheidung oder Trennung unter starken Schuldgefühlen und einem schlechten Gewissen und erlauben ihren Kindern, vermeintlich zur Kompensation des Verlusts, deshalb mehr als gut und nötig ist, beispielsweise späte Zubettgehzeiten oder ein maßloses Konsumverhalten. Dies erleichtert die Gewissenslast der Eltern jedoch nicht, sondern erschwert sie im Gegenteil zumeist noch. Was einen positiven Umgang der Kinder mit der Scheidung ihrer Eltern unterstützt, sind weder eine Flut von Geschenken noch andere Formen grenzenloser Großzügigkeit, sondern angemessene Umgangs- und Kommunikationsformen sowohl zwischen den Eltern als auch seitens der Eltern gegenüber ihren Kindern.

Übertragen Sie Ihre Beziehungskonflikte nicht auf die Kinder

Wir wiederholen diesen Aspekt immer wieder, weil es so unglaublich wichtig ist, Kinder nicht in die eigenen Paar- und Beziehungsschwierigkeiten einzubeziehen: Diese sind Sache der Eltern, nicht der Kinder. Versichern Sie Ihrem Kind, dass es keine Verantwortung für die Trennung trägt und dass es keine Angst vor der Zukunft zu haben braucht. Widerstehen Sie der Neigung,

Ihr Kind als »Partnerersatz« zu benutzen. In der Praxis hören wir oft Eltern, die ihr Kind dafür loben, ihnen in der schweren Zeit der Trennung Halt gegeben zu haben. Auch das kann eine Form von Missbrauch sein, denn es ist nicht Aufgabe Ihres Kindes, Ihnen anstelle des Expartners den Rücken zu stärken. Vergessen Sie nie: Ihr Kind ist Ihr Kind – nicht Ihr Partner, nicht Ihr Freund, nicht Ihr Vertrauter.

Behalten Sie die Alltagsroutine möglichst bei

Dies ist vor allem für Kleinkinder sehr wichtig. Entziehen Sie dem Kind nicht seine Lieblingsspielsachen oder die gewohnte Bettdecke. Bringen Sie das Kind weiterhin zur selben Zeit ins Bett, besuchen Sie dieselben Freunde wie früher, behalten Sie regelmäßige Mahlzeiten bei.

Bleiben Sie gelassen in Anwesenheit Ihres Kindes

Ruhen Sie sich aus, wenn Ihr Kind sich ausruht. Versuchen Sie, nicht ständig gestresst und hektisch zu sein – auch wenn es schwer fällt. Nehmen Sie sich Zeit, um mit Ihrem Kind in Ruhe zu verbringen mit Dingen, die Ihnen beiden Spaß machen. Gestalten Sie die Mahlzeiten gemütlich und nutzen Sie diese Zeit, um mit Ihrem Kind zu reden. Bringen Sie Ihr Kind zu den Großeltern, dem anderen Elternteil, Freunden, Erziehern, damit Sie selbst sich entspannen können und wieder auftanken können. Denn nichts freut Kinder mehr, als zu spüren, dass ihre Eltern sich an ihnen freuen. Doch auch hier gilt wieder: Setzen Sie sich nicht unter Druck, denn das führt meist automatisch zu noch mehr Spannung.

Halten Sie zu Ihrem Kind einen warmen und sicheren Kontakt aufrecht

Verhalten Sie sich gegenüber Kleinkindern beruhigend und nährend. Erlauben Sie Ihrem Kind vorübergehend die Rückkehr zu Baby-Verhaltensweisen, aber setzen Sie auch klare Grenzen. Verbringen Sie Zeit allein mit Ihrem Kind, kuscheln Sie, lesen Sie Ihrem Kind Geschichten vor, kochen Sie gemeinsam. Bauen Sie in Ihren Tages- und Wochenablauf feste »Kinderzeiten« ein. Versichern Sie Ihrem Kind, dass auch in der veränderten Familiensituation alles in Ordnung ist. Sprechen Sie mit Jugendlichen über die Trennung von Ihrem Partner, aber stellen Sie Ihre Entscheidung nicht zur Diskussion.

Suchen Sie Hilfe bei Ihrer Familie und bei Freunden

Sorgen Sie dafür, dass Ihr Kind auch Zeit mit anderen Erwachsenen, Großeltern, verantwortungsbewussten Freunden oder Verwandten, kompetenten Erziehern und nicht zuletzt dem anderen Elternteil verbringt.

Ermutigen Sie Ihr Kind zwanglos zum Reden

Benutzen Sie Bücher, um kleinen Kindern zu helfen, über ihre Gefühle zu sprechen. Geben Sie älteren Kindern Gelegenheit zu einem offenen Gespräch. Beantworten Sie alle Fragen über anstehende Veränderungen. Dies sind wichtige Voraussetzungen dafür, den Trennungsprozess für Kinder transparent zu gestalten.

Seien Sie aufmerksam

Phasen der Niedergeschlagenheit und Angst sind in Scheidungs- und Trennungsprozessen normal. Halten diese Reaktionen jedoch länger als ein paar Wochen an, so sollten Sie professionelle

Hilfe suchen. Erkundigen Sie sich bei Bedarf auch nach speziellen Programmen für Scheidungskinder in Ihrer Gemeinde.

Suchen Sie eine gute und passende Schule für Ihre Kinder

Untersuchungen zeigen immer wieder, dass eine engagierte Schule mit kompetenten Lehrern eine außerordentlich wichtige Rolle bei der Erziehung von Kindern spielt. Gerade in Nachscheidungsphasen kann ein Klassenlehrer, der verständnisvoll und angemessen auf solche Situationen reagiert, eine große Unterstützung sein. Sie sollten sich nun aber nicht unverhältnismäßig mit der Sorge quälen, ob die Schule Ihres Kindes auch wirklich die richtige ist. Bedenken Sie: Oft ist die Schule vor der Haustür bereits gut genug.

Achten Sie darauf, mit wem Ihre jugendlichen Kinder Umgang pflegen

Studien haben mehrfach in beachtenswerter Deutlichkeit belegt, dass Jugendliche in der Nachscheidungsphase besonders anfällig für »schlechten Umgang mit Gleichaltrigen«, Drogen, sexuelle Frühinitiation etc. sind.

Zusammenfassung

Verhaltensweisen und Ereignisse, so auch Scheidung und Trennung von Paaren und Eltern, sind nie per se gut oder schlecht, sondern unterliegen stets unserer Bewertung (und Gestaltung). Scheidung stellt eine berechtigte und angemessene Lösung dar, wenn eine Beziehung oder Ehesituation chronisch unglücklich ist und sich destruktiv auf alle Beteiligten auswirkt. Einerseits ist eine Scheidung nicht auf die leichte Schulter zu nehmen.

Sie wird zumeist als kritisches Lebensereignis mit all den dafür typischen, kurz- und mittelfristigen Belastungen empfunden. Entgegen der landläufigen Meinung manifestieren sich jedoch,

---

von einigen Ausnahmen abgesehen, langfristig keine »Scheidungsschäden«, weder bei Kindern noch bei Eltern. Die amerikanische Psychologin E. Mavis Hetherington begleitete Hunderte von Scheidungspaaren über einen Zeitraum von mehr als 20 Jahren. Ihr Resümee: Die meisten geschiedenen Eltern und deren Kinder erweisen sich als robust und fähig, die Herausforderungen der Zeit nach der Scheidung zu bewältigen und zu nutzen. Sie gehen »angemessen« glücklich und kompetent aus der Scheidung hervor.

Etwa 20 Prozent aller Eltern und Kinder scheinen zwar auch langfristig deutliche Schwierigkeiten und Probleme zu haben, doch häufig kamen diese Menschen auch schon vor der Scheidung mit ihrem Leben nicht zurecht. Diese 20-Prozent-Marke findet sich übrigens in den verschiedensten Zusammenhängen innerhalb der Familienforschung wieder: So ermittelte Heinz Schepank, Professor für psychosomatische Medizin vom Zentralinstitut für Seelische Gesundheit in Mannheim, in einer Untersuchung, dass etwa 20 Prozent der Bevölkerung als »neurotisch« zu bezeichnen sind, d. h. dazu neigen, sowohl auf Lebensfragen und -probleme als auch auf den alltäglichen Stress ängstlich, depressiv und zwanghaft zu reagieren. Nach einem Schwangerschaftsabbruch verarbeiten etwa 20 Prozent der Frauen diesen langfristig betrachtet ungünstig; 20 Prozent der dauerhaft kinderlosen Paare bewältigen diesen Sachverhalt eher destruktiv.

Es gibt also immer eine Anzahl von Menschen, die nicht dazu in der Lage sind, bestimmte Alltagsprobleme und Lebensereignisse zu bewältigen. Die Schlussfolgerung, dass Scheidung, Abtreibung oder Kinderlosigkeit per se ein Unglück sind, wird jedoch der Komplexität solcher Ereignisse nicht gerecht. Es kann daher nicht das Ziel sein, normale familiäre Prozesse wie Scheidung, Abtreibung oder Kinderlosigkeit zu pathologisieren. Vielmehr geht es darum, jene Menschen zu unterstützen, die Schwierigkeiten bei der Bewältigung unvermeidbarer Lebensereignisse und Umbrüche haben.

Was die Forschungsergebnisse zu den Auswirkungen von Trennung und Scheidung angeht, so wird es auch weiterhin Studien geben, die einen bestimmten negativen Aspekt des Scheidungsgeschehens genauer wissenschaftlich beleuchten. Und das ist auch gut so, da solche Befunde dazu beitragen können, Risikofaktoren von Scheidungen und Trennungen zu minimieren. Auf der anderen Seite werden solche Befunde sicherlich auch in Zukunft instrumentalisiert werden – zum einen von Gruppierungen mit familienideologischen Machtinteressen und zum anderen von Menschen, für die eine Scheidung ein so massiv bedrohlicher Einschnitt in ihr gefühlsmäßiges Weltbild bedeutet, dass diese Realität mit allen Mitteln, eben auch mit der vermeintlichen Wissenschaft, abgewehrt werden muss.

Doch langfristig wird sich die Befundlage sorgfältig durchgeführter Studien erhärten, die besagt, dass sich Scheidungskinder in ihrer seelischen und körperlichen Gesundheit langfristig betrachtet nicht von Kindern aus intakten Familien unterscheiden – auch wenn manche Scheidungskinder vielleicht ein Leben lang schmerzhafte und ungute Erinnerungen an das Geschehen rund um die Trennung behalten. Auch wird weiterhin die Versuchung groß sein, solche Erkenntnisse dafür zu instrumentalisieren, die tatsächlich vorhandenen Risiken und Gefahren einer Trennung oder Scheidung zu bagatellisieren. Sie werden einigen dazu dienen, sich auf der Floskel auszuruhen, nach der für Kinder nichts schlechter sei als ehelicher Streit – um den Preis, blind für potenzielle Risiken zu werden.

Scheidung ist ein Phänomen, das kultur- und geschichtsübergreifend vorkommt. Es stellt also eine »Universalie« dar und ist dementsprechend nicht »auszurotten«. Was sicher helfen kann, die eine oder andere Scheidung zu vermeiden, ist, wenn die Partner ihre Bindung an die Ehe und deren Verbindlichkeit festigen. Hierbei könnten z. B. Ehevorbereitungsseminare sehr wertvolle Arbeit leisten.

So stärken Sie das »Immunsystem« Ihrer Familie

Emotional »gut funktionierende« Familien entwickeln ein leistungsfähiges Immunsystem, d. h. die Fähigkeit, als Familie aus Krisen, Konflikten und Stress, aber auch aus den täglichen Herausforderungen und Mühen gestärkt und mit neuen oder wiederbelebten alten Kräften hervorzugehen. Das Eigenartige, fast schon Paradoxe am seelischen Immunsystem der Familie ist, dass es sich erst durch den Umgang mit Krisen und täglichem Stress überhaupt entwickelt und leistungsfähig wird – ganz ähnlich dem körperlichen Immunsystem, das seine Stärke erst durch die Bewältigung von Kinderkrankheiten entfaltet.

Überbehütung schadet: Muten Sie Ihrer Familie Höhen und Tiefen zu

Natürlich ist es nicht ratsam, keine Katastrophe auszulassen, jeden Krach auszufechten und jedes Risiko in Kauf zu nehmen, in der Absicht, seiner Familie damit Gutes zu tun. Genauso wenig sollten Sie jedoch angesichts der Tiefen des Lebens um Ihre Familie fürchten. Der Versuch, Kinder und Jugendliche in Familien vor allem Ungemach zu schützen, führt häufig zu einem unbeabsichtigten Ergebnis: Die Kinder werden ängstlich und unsicher und tapsen von einem Unglück ins andere. Nicht selten hängt Migräne, so konnten wir in eigenen empirischen Studien zeigen, bei Kindern mit Überbehütung in der Familie zusammen. Die Kopfschmerzen des Kindes rufen eine übermäßige Besorgtheit der Mutter auf den Plan, welche wiederum zur Unselbstständigkeit des Kindes beiträgt, was wiederum die Mutter sorgt. Für weniger Behütung zu plädieren ist natürlich ebenso widersinnig und unangebracht – emotionale Verwahrlosung kann nicht unser Ziel sein. Stattdessen sollten wir uns bewusst machen: Kinder benötigen beides, sowohl Geborgenheit als auch Vertrauen in ihre eigenen Fähigkeiten und autonomen Widerstandskräfte. Auf die Balance kommt es an.

Krisen und Tragödien gehören dazu

Jede Familie ist durch Tragödien und Krisen, über die sie keine Kontrolle hat, verwundbar, ebenso wie sie für die Sonnenseiten des Lebens prinzipiell empfänglich ist. Das familiäre Leben ist ein Anpassungsprozess an ständige Veränderungen und damit einhergehende kleinere und größere Verluste. Manche dieser Verluste und Umbrüche sind willkommen, andere sehr schmerzhaft.

Ein gut funktionierendes Familienleben zeichnet sich vor allem dadurch aus, dass die Familie Veränderungen und Verluste bewältigen und verarbeiten kann, so der amerikanische Pionier der Familienpsychologie Robert Beavers. Die Mitglieder solcher Familien entwickeln die Fähigkeit, Krisen und Veränderungen zu nutzen, um daran gemeinsam zu wachsen und sich weiterzuentwickeln. Wir leben in einer Zeit des Umbruchs, der ständigen Veränderungen und damit einhergehender Abschiede. Aus diesem Grund kommt der Kompetenz der Krisenbewältigung eine äußerst wichtige Bedeutung zu.

Typische, mit Gefühlen von Verlust verknüpfte Veränderungen in Familien sind heutzutage beispielsweise ein Wohnortwechsel aufgrund beruflicher Veränderung, ein unerfüllter Kinderwunsch, der Tod eines Familienangehörigen, die Scheidung der Eltern, die chronische Erkrankung eines Familienangehörigen, Arbeitsplatzverlust, gestörte Paarbeziehungen. Ebenso können auch schöne Ereignisse – die Heirat, die Geburt von Kindern, berufliche Karrieresprünge – mit einem Gefühl des Verlusts (nämlich der alten, vertrauten Lebenssituation) verknüpft sein, das nicht übergangen werden darf.

So ist es für werdende Mütter wichtig, sich angesichts des ins Haus stehenden freudigen Ereignisses auch darüber Gedanken zu machen, wie sie ihre weitere berufliche Zukunft gestalten wollen, Pläne eventuell zu modifizieren und eine neue Zeiteinteilung zu finden. Gut funktionierende Paarbeziehungen zeichnen sich dadurch aus, dass sie mit diesen Veränderungsprozessen konstruktiv umgehen, anstatt sie zu verdrängen, zu überspielen oder zu tabuisieren.

Dasselbe gilt für schwere Verluste. Über den Tod eines Familienangehörigen muss man in der Familie sprechen. Menschen reagieren unterschiedlich, finden verschiedene Ausdrucksformen für ihre Trauer. Nicht jeder in der Familie möchte darüber reden. In diesem Fall ist es wichtig, dass Familienmitglieder Toleranz und Respekt gegenüber unterschiedlichen Trauerreaktionen entwickeln. Beim Tod eines Kindes scheint eine Mutter, die den Standpunkt vertritt, das Leben müsse jetzt weitergehen, überhaupt nicht zu trauern, und der wochenlang arbeitsunfähige Vater vor Schmerz fast zu vergehen. Es ist notwendig, Differenzen zu benennen und transparent zu machen, um sie anerkennen und respektieren zu können.

Wir erleben immer wieder, dass Menschen große Schwierigkeiten haben, ihre Gefühle der Trauer und des Schmerzes in Worte zu fassen. Exemplarisch sei hier ein Ausschnitt aus einem Familiengespräch angeführt: An diesem nahmen Herr und Frau Fassbender und ihr achtjähriger Sohn Alexander teil. Ihre fünfjährige Tochter Anne ist zur Zeit des Gesprächs bei ihrer Oma. Die Familie hat um psychologische Beratung aufgrund der Migräne, an der Alexander schon seit drei Jahren leidet, gebeten.

Therapeut: Wie war das eigentlich? Sie haben gesagt, Alexander hätte vor drei Jahren zum ersten Mal diese Kopfschmerzen gehabt. Damals war er gerade fünf Jahre alt. Gab es zu jener Zeit irgendwelche bedeutsamen Veränderungen in Ihrer Familie? Sind

Sie z. B. umgezogen? Oder gab es einen Todesfall, eine Geburt? Haben Sie im Lotto gewonnen?

Mutter: Ja, unser zweiter Sohn, Benjamin – er war ein Jahr jünger als Alexander – hatte Blutkrebs und ist daran gestorben. Alexander war damals fünf, Anne zwei Jahre alt.

Therapeut: Haben Sie den Eindruck, dass der Tod seines Bruders Alexander stark mitgenommen hat?

Mutter: Es beschäftigt ihn noch heute, er fragt ständig danach, hört gar nicht mehr damit auf: »Wenn Benjamin jetzt da wäre, könnte ich mit ihm spielen, er wäre jetzt doch schon groß …« Solche Sachen erzählt er ständig. In der Anfangszeit, kurz nach Benjamins Tod, ist er manchmal aus dem Zimmer gerannt und hat gerufen: »Benjamin, ich liebe dich«, und solche Dinge.

Vater: (Murmelt unverständlich)

Mutter: Er hat gesagt: »Benjamin, ich hol' dich jetzt runter vom Himmel. Ich sterb' jetzt auch, dann bin ich bei dir.«

Therapeut: Es beschäftigt ihn also noch sehr?

Mutter: Ja. Manchmal sagt er: »Wir müssen jetzt auf den Friedhof gehen, das Grab machen«, doch selbst will er dann nicht mitkommen.

Therapeut: Sprechen Sie denn offen mit ihm über Benjamins Tod? Wie ist das, wenn Alexander nachfragt – antworten Sie ihm?

Mutter: Ja, sicher reden wir darüber.

Therapeut: Und Sie? Beschäftigt Sie der Tod ihres Sohnes noch? Oder haben Sie das Thema schon abgeschlossen?

Vater: Eigentlich reden wir kaum noch darüber.

(Kurzes Schweigen.)

Mutter: (Zum Vater.) Du ja. *(Zum Therapeuten.)* Er redet kaum noch darüber.

(Kurzes Schweigen.)

Mutter: Wir reden kaum noch darüber. Aber mit Alexander und Anne – sie begreift ja auch schon, dass sie noch einen Bruder hatte – spreche ich manchmal davon. Alexander kommt ein Mal in der Woche oder alle 14 Tage auf dieses Thema, vielleicht auch öfter.

Therapeut: Können Sie sich vorstellen, dass Alexanders Migräne vielleicht damit zusammenhängt? Oder meinen Sie, dass die Kopfschmerzen gar nichts damit zu tun haben?

Mutter: Ich weiß nicht. Ob ihn das jetzt noch so arg beschäftigt? Ich weiß nicht.

> *Vater: (Murmelt)* Ich glaube nicht. Früher hat ihn das vielleicht sehr beschäftigt, aber jetzt?
> *Mutter:* Ich weiß nicht. Manchmal kommt Alexander mittags nach Hause und sagt so etwas wie: »Benjamin hätte das bestimmt nicht kaputt gemacht.«
> *Vater:* Na, so oft kommt das aber nicht vor.
> *Mutter:* Oder: »Ich könnte jetzt mit Benjamin spielen.«
> *(Kurzes Schweigen)*
> *Mutter:* Ich weiß nicht …
> *(Kurzes Schweigen)*
> *Mutter:* Alexander war ja auch erst fünf. *(Zu Alexander gewandt)* Nicht wahr?

Das Sprechen über einen Verlust kann sehr schwierig sein, zumal, wenn verschiedene Familienmitglieder auf unterschiedliche Weise mit diesem umgehen. Werden jedoch über einen langen Zeitraum hinweg, trotz eines direkt oder indirekt geäußerten Bedürfnisses, kaum Worte gewechselt und keine Möglichkeiten zur Trauer und zur Verarbeitung des Verlusts gefunden, so kann diese Situation krank machen.

Verwundbarkeit und Leistungsfähigkeit

Niemand geht aus schweren Krisen ohne Verwundung hervor, und einige Familien zerbrechen sogar daran. Familien und Familienmitglieder, die solche Krisen bewältigen, zeichnen sich dadurch aus, dass sie sowohl verwundbar als auch strapazierfähig und stark sind. Sie bilden die so genannte Resilienz aus, was im Deutschen ungefähr mit Widerstandsfähigkeit zu übersetzen ist. Diese Widerstandsfähigkeit ist aber nicht zu verstehen im Sinne einer Betonwand, sondern eher als ein Grashalm im Wind: anpassungsfähig, flexibel, beweglich und dennoch die eigene Form wahrend. Nur »pseudostarke« Familien sind scheinbar unverwundbar und gegen jedes Unglück gewappnet.

Ein starkes familiäres Immunsystem entwickelt sich jedoch nicht von selbst. Genauso wenig kann man überhaupt seine Entwicklung erzwingen. Die größeren und kleineren Highlights und Tragödien des Familienlebens, die zur Ausbildung eines familiären Immunsystems notwendig sind, liegen letztlich außerhalb unserer Kontrolle.

Was zeichnet ein gut funktionierendes familiäres Immunsystem aus?

Eine Stärkung des familiären Immunsystems gelingt nur dann, wenn sie sowohl auf der Ebene der einzelnen Familienmitglieder als auch auf der Ebene der Familie als Ganzes stattfindet. Diese beiden Ebenen beeinflussen sich wechselseitig, d. h. die psychischen Immunsysteme der einzelnen Familienmitglieder wirken auf das familiäre Immunsystem und umgekehrt.

Die Ebene der einzelnen Familienmitglieder

Viele der folgenden Gedanken sind inspiriert von den Arbeiten des Psychiaters Steven Wolin und der Entwicklungspsychologin Sybil Wolin sowie der amerikanischen Familientherapeutin Froma Walsh.

Selbsterkenntnis: Stellen Sie sich selbst ernsthafte Fragen und beantworten Sie sie aufrichtig

Selbsterkenntnis bedeutet, sich selbst ernsthaft über sein Leben, seine Innenwelt, Gedanken, Gefühle, Wünsche, Träume und seine Ziele zu befragen und diese Fragen ehrlich zu beantworten. Die Vermeidung schmerzhafter Wahrheiten ist das Gegenteil von Selbsterkenntnis.

Selbsterkenntnis ist keine leichte Angelegenheit, weil die Versuchung, andere Menschen für die eigenen Schwierigkeiten verantwortlich zu machen, anstatt die eigene Verantwortlichkeit wahrzunehmen, sehr groß ist. Selbsterkenntnis hilft, die Dinge und sich selbst zu sehen, wie sie sind, und nicht, wie man sie gern haben möchte. Sie hat immer auch Einfluss auf unsere Beziehungen:

Schon Kinder verfügen über eine Vorstufe von Selbsterkenntnis, über einen Sinn dafür, dass sie sich in einer Situation wohl fühlen oder irgendetwas nicht stimmt. Diesen Sinn bei Kindern anzuregen ist eine wichtige Aufgabe der erwachsenen Familienmitglieder.

Maria lebt seit sechs Jahren mit Tanja zusammen. Seit fast zehn Jahren arbeitet sie als Requisiteurin. Zu Beginn ihrer Karriere arbeitete sie viel und gern am Theater. Nach einigen Jahren stellte sie jedoch fest, dass sie sich unter den Theaterleuten nicht mehr wohl fühlte. Obwohl sie die Karriereleiter am Theater hinaufstieg, war sie irgendwann mit dieser Arbeit nicht mehr zufrieden. Auch ihre Beziehung litt zunehmend unter dem Arbeitsstress. Maria entschied sich für eine Veränderung und machte sich selbstständig. Sie investierte in eine eigene, aufwendig gestaltete Homepage, rührte die Werbetrommel und bekam Aufträge von Fotografen und Filmleuten.

Ein Jahr Selbstständigkeit brachte ihr jedoch nicht die erwartete Zufriedenheit. Sie wünschte sich, einen völlig anderen Beruf auszuüben. Seit einiger Zeit beschäftigte sie sich mit alternativen Heilmethoden und Gesundheitsfragen und entwickelte dafür ein leidenschaftliches Interesse. So entschied sie sich nach einer aufreibenden Phase des Durchhaltens und Durchstehens ihrer Selbstständigkeit dazu, diese aufzugeben. Wieder nahm sie ihre Arbeit am Theater auf, nun aus pragmatischen Gründen, halbtags, und absolvierte berufsbegleitend eine Heilpraktikerausbildung.

Das Wichtigste für Maria ist, dass es ihr seither in ihrer Beziehung zu Tanja deutlich besser geht. Der Job als Requisiteurin macht ihr wieder mehr Spaß. Denn um Geld zu verdienen für etwas, das, wie sie selbst erkannte, ihrem Wesen viel mehr entspricht, ist er genau richtig.

Unabhängigkeit: Lassen Sie sich nicht von den Problemen anderer Leute und vom eigenen Schmerz und Leid vereinnahmen

Unabhängigkeit heißt, man selbst zu sein und bei allem Zusammengehörigkeitsgefühl eine emotionale Distanz gegenüber dem Druck von Familienmitgliedern, Freunden oder den Lebensumständen zu wahren. Bei Kindern und Jugendlichen hat Unabhängigkeit viel damit zu tun, sich aus den Problemen anderer Personen heraushalten zu können und für sich selbst einzustehen. Bei Erwachsenen bedeutet Unabhängigkeit darüber hinaus, sich nicht in den Strudel eigener schmerzhafter und schwieriger Erfahrungen hineinziehen zu lassen und innerlich frei zu bleiben. Das Gegenteil von Unabhängigkeit ist hingegen, Dinge nur zu tun, um von anderen Menschen Anerkennung zu erhalten, um vor sich selbst zu fliehen oder Kränkungen zu vermeiden.

Unabhängigkeit zu wahren kann deshalb eine schwierige Aufgabe sein, weil sie es manchmal erfordert, Beziehungen zu wichtigen Menschen zu begrenzen oder sogar zu beenden. Gerade in Zeiten familiären Wandels und Umbruchs ist es äußerst hilfreich, sich mit sich selbst wohl zu fühlen und allein Entscheidungen treffen zu können. Auch wenn Freunde und Verwandte in solchen Phasen eine wichtige Stütze sein können, so machen vor allem jene Menschen Fortschritte in der Bewältigung ihrer Probleme, die sich hierbei nicht nur auf ihre Freunde und Verwandten verlassen – sondern vor allem auf sich selbst. Unabhängigkeit stärkt das Selbstvertrauen und Sicherheitsgefühl.

Norbert lebte zusammen mit Barbara und Gideon, dem gemeinsamen 13-jährigen Sohn. Die Beziehung zwischen Norbert und Barbara war nie leicht. Sie hatten sich schon einige Male getrennt, dann wieder zusammengefunden. Vor allem wegen des gemeinsamen Kindes waren beide immer wieder darum bemüht, eine gemeinsame Basis für ihre Beziehung zu finden. Als Gideon 14 Jahre alt wurde, lernte Norbert Doris kennen, verliebte sich in sie, trennte sich jedoch nicht von Barbara, auch wenn Doris ihn dazu drängte.

Er lebte ein weiteres Jahr gemeinsam mit Barbara unter einem Dach, setzte sich nochmals intensiv mit der Beziehung auseinander und ging mit Barbara sogar zu einer paartherapeutischen Beratung. Nach diesem Jahr wusste er, dass er mit Barbara nicht weiter zusammenleben wollte. Nun versuchten ihm Barbara, aber auch die eigenen Eltern und Barbaras Eltern Schuldgefühle einzureden. Dennoch trennte sich Norbert von Barbara. Heute lebt er mit Doris zusammen und hat mit ihr zwei weitere Kinder. Diese Beziehung ist die befriedigendste und ehrlichste seines bisherigen Lebens. Voraussetzung dafür war, so Norbert, dass er sich nochmals intensiv mit der Beziehung zu Barbara, den damit verbundenen Familiengefühlen und -träumen auseinandergesetzt und nicht gleich dem Drängen von Doris nachgegeben hat.

Gerade in Trennungssituationen ist es wichtig, in sich zu gehen, ein Gespür für das eigene Tempo zu entwickeln und zu merken, ob Dinge noch Zeit oder weitere Bemühungen und Klärung erfordern.

Beziehungen: Stellen Sie tragfähige Verbindungen zu Menschen her, die Ihnen wichtig sind und guttun

Bedeutsame Beziehungen sind Verbindungen zwischen Menschen, die auf Gemeinsamkeiten (z. B. einem gemeinsamen Humor oder Interessen), Respekt und Offenheit füreinander und einer Balance zwischen Geben und Nehmen gründen. Um eine Beziehung aufzubauen, muss man sich einem anderen Menschen anvertrauen, auch mit allen verletzlichen Seiten. Das Gegenteil tragfähiger Beziehungen ist, sich von anderen Menschen abzukapseln, sich selbst hinter einer Fassade zu verstecken oder Verbindungen zu anderen Menschen nur nach dem Kriterium, wie nützlich sie sind, zu suchen. Gerade in Zeiten familiären Umbruchs können soziale Beziehungen wesentlich dazu beitragen, schwierige Lebenssituationen zu bewältigen und zu überwinden.

Bernd ist daran gewöhnt, sich allein durchs Leben zu boxen. Nach der Trennung von seiner Frau und den beiden Kindern hat er sich noch mehr in die Einsamkeit zurückgezogen. Zudem ist er häufig krank, finanziell belastet und auch beruflich nicht mehr so leistungsfähig. Er leidet sehr unter seiner Lebenssituation, hat es in der Zeit seiner Ehe jedoch versäumt, feste Freundschaften zu knüpfen. Mit seinen Sorgen fühlt er sich allein gelassen. In seiner Verzweiflung und in dem Wunsch, sich alles von der Seele zu reden, sucht er seine Schwester Marion auf, zu der er nie eine besonders enge Beziehung gepflegt hat. Bernd erzählt seiner Schwester davon, wie es ihm innerlich wirklich geht, und bricht in Tränen aus. Marion nimmt ihn daraufhin in den Arm – das erste Mal in ihrem Leben –, und die Geschwister reden an diesem Abend noch lange miteinander.

Seither treffen sich Bernd und Marion wieder regelmäßig, ein Annäherungsprozess beginnt. Die Geschwister erzählen einander von ihrem Leben und auch davon, wie sie sich früher als Kinder und Jugendliche gegenseitig wahrgenommen haben. Marion regt erhält Bernd letztlich dazu an, sich um professionelle Unterstützung an eine Ehe- und Lebensberatungsstelle zu wenden, um seine Nachscheidungskrise zu bewältigen.

Initiative übernehmen: Stellen Sie sich Ihren Herausforderungen und packen Sie Probleme an

Die Initiative zu übernehmen heißt, in Aktion zu treten, proaktiv zu handeln, sich Herausforderungen zu stellen und Probleme zu lösen, anstatt aufzugeben oder in Hilflosigkeit zu versinken. Eine solche Initiative ist nicht mit blindem Aktionismus zu verwechseln. Es ist beispielsweise immer wieder zu beobachten, dass sich Menschen nach einer Scheidung schnell in eine neue Beziehung stürzen und bald darauf heiraten. Auch wenn neue, stabile Liebesbeziehungen dabei helfen, eine Scheidung oder Trennung positiv zu verarbeiten, so werden doch Menschen, die sich nach der Trennung keine Zeit nehmen, um eine neue Beziehung reifen und wachsen zu lassen, häufig schnell genauso unglücklich, wie sie es in ihrer vorherigen Partnerschaft waren.

Initiative zu übernehmen ist kein leichtes Unterfangen. Manche Probleme erscheinen einfach zu groß und überwältigend. Packt man die Sache dennoch an, so erkennt man, dass man sein Leben selbst gestalten und im Handeln auf neue Möglichkeiten stoßen und Kraft gewinnen kann.

Karl verliebt sich in Simone, als diese gerade ihre Wohnung kündigen muss und dringend eine neue Bleibe für sich und ihre beiden kleinen Kinder Sven und Maren sucht. Trotz des Risikos, dass das Zusammenleben schief gehen könnte, nimmt Karl Simone und ihre Kinder in seine Zwei-Zimmer-Wohnung auf und setzt alle Hebel in Bewegung, um möglichst bald eine größere Wohnung zu finden. Er nutzt die Zeit in der kleinen Wohnung, um zu klären, wie ernst diese Verliebtheit tatsächlich ist, und entscheidet sich ein Jahr später, Simone zu heiraten und mit ihr noch ein gemeinsames Kind zu zeugen.

Manchmal lohnt es sich, die Dinge nicht erst zehn Mal hin- und herzudrehen, sondern Herausforderungen spontan anzunehmen und in Aktion zu treten.

Kreativität: Nutzen Sie Ihre Vorstellungskraft und Ausdrucksmöglichkeiten, um mit schwierigen Erfahrungen und Gefühlen umzugehen

Kreativität bedeutet, seine eigene Vorstellungskraft zu nutzen, um sich selbst auszudrücken und um mit Verletzungen sowie schwierigen Gefühlen und Erfahrungen umzugehen. Kreativität ist ein sicherer Hafen, ein Zufluchtsort, an dem schwierige (und auch schöne) Erfahrungen und Gefühle integriert werden können. Das Gegenteil von Kreativität ist, die eigenen Gefühle im Inneren aufzustauen. Kreativität stellt eine große Herausforderung dar, da verletzte Gefühle oder schmerzhafte Erfahrungen einen Menschen niederdrücken, geistig stumpf machen und die Phantasie blockieren können. Andererseits hilft Kreativität dabei, etwas, das sich schlecht und schmerzhaft anfühlt, in etwas Schönes zu verwandeln und Gefühle auf positive und befriedigende Art und Weise auszudrücken.

Kinder sind beim Spielen kreativ. Sie nutzen ihre Vorstellungskraft, um im Spiel eine Welt herzustellen, die ihren Wünschen entspricht. Jugendliche und Erwachsene nutzen alle Spielarten der Kunst, um ihren innersten Gefühlen und Gedanken ästhetischen Ausdruck zu verleihen.

Bei Alexandra wird im Alter von 24 Jahren eine Verdachtsdiagnose auf Muttermundkrebs gestellt, was bei ihr große Ängste auslöst. Zudem macht sie traumatische Erfahrungen mit dem behandelnden Arzt, der meint, die Erkrankung käme von »dreckigen Schwänzen«. Ihr damaliger Freund Konrad kommt mit der Situation überhaupt nicht zurecht, fühlt sich völlig überfordert und beginnt, anstatt Alexandra zu unterstützen, einen Streit nach dem anderen vom Zaun zu brechen. In dieser Zeit fängt Alexandra an zu malen: zunächst schräge und eigenartige Bilder, die ihr selbst teilweise Angst machen. Doch sie malt weiter, manchmal wie besessen. Letztlich hilft ihr das Malen, so Alexandra selbst, diese schreckliche Zeit zu überstehen und eine emotionale Distanz zu Konrad aufzubauen, um sich von ihm trennen zu können.

Die Bestsellerautorin Anne Rice begann mit dem Schreiben ihrer Vampirhorrorbücher nach dem Tod ihrer Tochter Michelle, die im Alter von sechs Jahren an Blutkrebs gestorben war. Im ersten Band der Vampirsaga *Interview mit einem Vampir* taucht das sechsjährige Mädchen Claudia auf, das von dem Vampir Lestat durch den Todesbiss zu seiner Gefährtin gemacht wird.

Kreativität führt zu neuen Einsichten und kann helfen, Probleme zu lösen und schwierige Lebensphasen zu überstehen. Zudem kann gemeinsames Erleben von Kreativität eine Beziehung beflügeln.

Humor: Suchen Sie das Komische im Tragischen und lachen Sie darüber

Humor bedeutet, auch an Situationen, die traurig, schmerzhaft oder tragisch sind, etwas Lustiges und Komisches zu finden. Humor kann helfen, sich vom eigenen Schmerz zu distanzieren. Zudem wird die Widerstandsfähigkeit des Organismus gegen Krankheiten erhöht, wenn ein Mensch häufig und regelmäßig lacht. Bei kleinen Kindern zeigt sich der Humor im Spiel. Jugendliche und Erwachsenen nutzen Comedy, Kabarett, Witze und ganz allgemein das Lachen, um den Schmerz einzudämmen.

> Lothar wird nach acht Jahren wegen eines anderen Mannes von seiner Lebenspartnerin verlassen. Obwohl er sehr unter dem Verlust leidet, hängt er einige Wochen später an seine Bürotür eine Postkarte, auf der eine Erdnussschale mit nur einem Kern – der zweite fehlt – abgebildet ist. Darüber steht: »Ich bin wieder Single.«

Moralisches Handeln: Denken Sie bei dem, was Sie tun, an andere Menschen ebenso wie an sich selbst

Mit dem Wort »Moral« verbindet sich im allgemeinen Verständnis ein bedingungsloses Muss, eine innere oder äußere Verpflichtung: Dinge müssen getan werden, ob uns das nun gefällt oder nicht. Das ist hier jedoch nicht gemeint.

Moralisch Handeln heißt vielmehr, in unserem Tun sowohl an andere Menschen als auch an uns selbst zu denken. Es bedeutet, auf die Bedürfnisse anderer Menschen einzugehen und möglicherweise eigene Interessen dabei zurückzustellen oder vielleicht sogar zu opfern.

Gerade bietet sich beispielsweise die Möglichkeit, einen großen Schritt auf der beruflichen Karriereleiter nach oben zu machen, als ein Freund schwer erkrankt und dringend der Pflege bedarf. Moralisches Handeln heißt in diesem Fall, die beruflichen

Chancen für eine gewisse Zeit hintanzustellen, um sich dem hilfsbedürftigen Freund zu widmen. Moralisches Handeln kann auch bedeuten, auf einen ersehnten Wohnortswechsel zu verzichten, wenn dieser den Kontakt zwischen dem Kind und dem getrennt lebenden Elternteil erschweren oder gar verhindern und für beide einen herben Verlust und eine große Belastung darstellen würde.

Sie sollten jedoch keinesfalls Ihre eigenen Bedürfnisse verleugnen und sich jedem äußeren Druck beugen. Moralisches Handeln erfordert ein ständiges Abwägen zwischen eigenen Interessen und den Bedürfnissen anderer Menschen, das Bemühen um einen Aushandlungsprozess anstelle zermürbender Konfrontation.

Diana hat mit 17 Jahren eine Schwangerschaft abgebrochen, da sie sich noch nicht reif für die Erziehung eines Kindes fühlt. Außerdem möchte sie gern, dass ihr Freund Josef seine Ausbildung abschließt, bevor sie gemeinsam Kinder bekommen. Josef, der zwei Jahre älter als Diana ist, hat sich über den positiven Schwangerschaftstest zunächst sehr gefreut und schon Vaterstolz verspürt; nun unterstützt er Diana jedoch in ihrer Entscheidung für eine Abtreibung, begleitet sie in die Klinik und später zu einer psychologischen Nachbetreuung. Josef und Diana sprechen oft über den Schwangerschaftsabbruch und wollen sich von dieser Erfahrung nicht unterkriegen lassen.

Josef erzählt, dass diese Erfahrung sie einander näher gebracht und dazu beigetragen habe, Verständnis füreinander aufzubringen. Mit seiner Beziehung und Liebe zu Diana fühlt sich Josef sehr wohl. Allerdings fiel es ihm anfangs schwer, von der Vorstellung, Vater zu werden, Abstand zu nehmen. Da er aber versuchte, Diana zu verstehen, wurde ihm klar, dass sie die Verantwortung für ein Kind wirklich noch nicht tragen wollte. Diese Einsicht machte es ihm möglich, ihre Entscheidung als gemeinsamen Entschluss zu betrachten, der auch gemeinsam zu bewältigen war. Moralisch zu handeln heißt in diesem Falle, ein wenig zurückzutreten, sich in die Sichtweise des anderen hineinzuversetzen und dann einen gemeinsamen Beschluss zusammen durchzustehen.

Die Ebene der Familie als Ganzes

Herz und Seele des gesamten familiären Immunsystems bilden die Sichtweisen, die »Glaubenssysteme« der Familie darüber, was im Leben, im Beruf und in Beziehungen wichtig oder eher zweitrangig ist, wie ernst man sich selbst und seine Bedürfnisse nehmen sollte und was eine gute Familie ist. Häufig sind uns familiäre Vorstellungen gar nicht bewusst, sie beeinflussen aber trotzdem in erheblichem Ausmaß das Verhalten jedes einzelnen Familienmitglieds.

Das Wohlergehen einzelner Menschen in einer Familie oder Gemeinschaft wird dadurch maßgeblich beeinflusst, wie die Gemeinschaft als Ganzes Stärken und Schwächen Einzelner betrachtet und Verhaltensweisen bewertet. So haben wir in eigenen Studien festgestellt, dass etwa die familiären Vorstellungen darüber, wie man mit dem eigenen Körper umzugehen hat – eher freundlich oder distanziert, eher wertschätzend oder ablehnend –, die Wahrscheinlichkeit beeinflusst, ob ein Kind in einer Familie Kopfschmerzen hat.

Betrachten Sie Krisen und Konflikte als gemeinsame Herausforderung

Für die Stärkung des familiären Immunsystems ist es grundlegend, dass Krisen und Konflikte als gemeinsame Herausforderungen wahr- und angenommen werden.

Familie K. hat vier Kinder, das fünfte ist unterwegs. Man wohnt in einem schönen Haus am Rande einer Kleinstadt zur Miete. Eines Tages meldet der Vermieter Eigenbedarf an diesem Haus an. Sein Anspruch ist stichhaltig und nicht zu widerlegen – Familie K. muss ausziehen. Nach einigen schlaflosen Nächten kommt das Elternpaar zu dem Schluss, dass diese Nachricht auch als ein Wink des Schicksals verstanden werden kann, um nun endlich, nach Jahren des Zauderns, Eigeninitiative zu ergreifen. Sie wenden sich an einen Bekannten, lassen sich beraten und entschließen sich, innerhalb von 14 Tagen nach Erhalt der Kündigung ein eigenes Haus zu kaufen und sich künftig Mietzahlungen zu sparen.

Tagtäglich konfrontiert uns das Leben mit zahlreichen Problemen. Es liegt oft ganz allein an uns als Familie, ob wir diese als niederschmetternd oder als Herausforderungen und Entwicklungsmöglichkeiten wahrnehmen. Eine schlechte Nachricht zieht nicht notwendigerweise negative Folgen nach sich. Menschen reagieren auf ganz unterschiedliche Weise auf Probleme: Die einen versinken hilflos in Untätigkeit, die anderen ergreifen sie als Chance zur Veränderung. Unsere Bewertung der Dinge entscheidet darüber, was sie wert sind. Diese Einsicht wirkt, in Ruhe betrachtet, befreiend, sie gibt Familien Kraft und eröffnet Gestaltungsmöglichkeiten. Wenn wir es zulassen, sind wir keine Marionetten, sondern gestaltende Akteure auf der Bühne des Lebens.

So können Eltern Kindern eine Trennung als niederschmetternden Verlust vermitteln: »Jetzt sind wir auf uns allein gestellt«, oder als bereichernde Möglichkeit: »Jetzt hast du eben zwei Heime.«

Finden Sie Ihre eigene Spiritualität und leben Sie diese gemeinsam mit Ihrer Familie

Spiritualität bezeichnet die Gesamtheit aller Vorstellungen, Erfahrungen und Praktiken, durch die sich der einzelne Mensch mit dem Ganzen, mit der Welt, dem Universum, der Gemeinschaft, Gott und der Natur, verbunden fühlt – je nachdem, wie er es bezeichnen möchte. Spiritualität kann sowohl innerhalb als auch außerhalb von Religion, sowohl in der Gemeinschaft als auch auf ganz individuelle Art erfahren werden. Spiritualität ermöglicht ein Gefühl der inneren Ganzheit und Heilung, der Verbundenheit mit anderen Menschen und der Bedeutsamkeit von allem auf einer transzendenten Ebene.

Zu allen Zeiten und in allen Kulturen haben Menschen Kerzen angezündet, miteinander gebetet, getanzt, Musik gemacht, meditiert, heilige Substanzen in rituellen Handlungen zu sich genommen, innige und tiefe Erfahrungen miteinander gemacht; sie haben spirituelle Erlebnisse und Momente in der Natur oder im Gespräch miteinander erfahren – und daraus Kraft und Trost für ihr Leben geschöpft.

Die amerikanische Familientherapeutin Froma Walsh weist in ihrem Buch Spiritual *Resources in Family Therapy* darauf hin, dass Spiritualität und Familie aufs Engste miteinander verwoben sind.

So sind die Möglichkeiten, Spiritualität in der Familie zu erleben, sehr vielfältig. Manche Eltern fahren mit ihren Kindern auf kirchlich organisierte Wochenendfreizeiten zu bestimmten Themen. Andere Familien (z. B. manche türkischen Familien) pflegen den Brauch, einander ihre Träume am Frühstückstisch zu erzählen. Manche Paare suchen regelmäßig bestimmte Orte, Städte, Lokale, Spazierwege auf und fühlen sich durch diese noch stärker miteinander verbunden. Für andere Paare gewinnen Gespräche, in denen sich die Partner gegenseitig ihre Gefühle zu sich selbst, ihrem Partner, ihrem Leben mitteilen, eine spirituelle Bedeutung. Wieder andere Menschen fühlen sich von Kinofilmen spirituell berührt.

Froma Walsh erzählt von ihrer Tochter im Teenageralter: Beide, Mutter und Tochter, mögen Musik sehr, auch wenn ihr Musikgeschmack unterschiedlich ist. Die Tochter liebt Alternativrock, die Mutter eher Jazz und Klassik. Nach einem anstrengenden und stressigen Tag hören sie jedoch gemeinsam Musik – etwas keltische oder andere entspannende Musik aus aller Herren Länder – , legen sich auf den Boden und schließen dabei die Augen.

Das Sprechen miteinander über die gemachten Erfahrungen – dies ist ganz entscheidend – schafft einen gemeinsamen spirituellen Hintergrund.

Sorgen Sie für eine gute Balance zwischen Flexibilität und Stabilität in Ihrer Familie

Genau wie in einem Betrieb oder in einer Behörde hilft in Familien eine gute Organisation, das Ganze zusammenzuhalten. Sie trägt dazu bei, den Familienalltag und die Rollenverteilung befriedigend zu regeln. Traditionelle Rollenverteilungen – der Vater bringt das Geld nach Hause, und die Mutter hütet die Kinder – können für bestimmte Familien zu bestimmten Zeiten die bestmögliche Organisationsform darstellen. Für andere Familien hingegen erweist sich eine andere Rollenverteilung als günstiger.

Die Organisation in einer Familie funktioniert dann am besten, wenn die einzelnen Familienmitglieder das tun, was sie ohnehin am besten können, und sich dafür gegenseitig wertschätzen. Wichtig ist jedoch, dass die Rollenverteilung hinreichend dynamisch und flexibel gestaltet ist. Die Fähigkeiten, Bedürfnisse und Interessen von Menschen verändern sich. Um im ständigen Fluss von Veränderungen bestehen zu können, müssen Familien eine flexible und dennoch stabile Organisation entwickeln.

Flexibilität wiederum geht einher mit großer Aufmerksamkeit für sich und andere und die inneren Abläufe in der Familie. Familien sollten beweglich bleiben, denn Regeln müssen ab und an abgewandelt und den veränderten Gegebenheiten angepasst werden. Stabilität ist wichtig, da man die Welt nicht jeden Tag neu erfinden kann. Bestimmte Dinge und Regeln müssen einfach fest und verlässlich sein. Sie können z. B. nicht jeden Tag erneut darüber verhandeln, ob die Kinder nun die Spülmaschine ausräumen oder nicht; andererseits ist es sinnvoll, sich ab und an Gedanken darüber zu machen, ob z. B. die Zubettgehzeit oder die Aufstehzeit noch angemessen ist.

Stabile Strukturen sind gerade für Patchworkfamilien von großer Bedeutung. Kinder brauchen Rituale und Regeln und sind oft äußerst veränderungsunfreudig und konservativ. Für sie ist Verlässlichkeit und Einschätzbarkeit eine Grundvoraussetzung, um sich gut entwickeln zu können. Regelmäßige Besuchszeiten beim anderen leiblichen Elternteil sind genauso wichtig wie eine gleich bleibende Dauer der gemeinsam verbrachten Zeit. Wiederkehrende, verbindliche Rituale, z. B. der Sonntagsbrunch beim Vater alle zwei Wochen, helfen allen Familienmitgliedern ungemein dabei, sich in ihrer Familienkonstellation wohl zu fühlen. Vor allem in Krisenzeiten sind Routinen sehr hilfreich, selbst wenn sich deren Aufrechterhaltung als schwierig erweist.

> Christa hat sich von Reinhard scheiden lassen, nachdem sie erfahren hatte, dass er ab und an ein Bordell besucht. Sie haben einen gemeinsamen Sohn im Alter von drei Jahren, der nach der Scheidung bei der Mutter lebt. Reinhard zog nach der Trennung aufgrund eines attraktiven Jobangebots 500 Kilometer weit weg, in eine andere norddeutsche Stadt. Er besucht jedoch weiterhin jedes zweite Wochenende seinen Sohn. In dem Ort, wo Christa mit Julian lebt, hat Reinhard ein Zimmer gemietet und verbringt dort jeweils zwei Tage mit seinem Sohn. Julian tut diese Regelung sehr gut.

Flexibilität und Dynamik sind häufig besonders in langjährigen Ehen gefragt. Die Fähigkeit, sich angesichts der vielen Herausforderungen und äußeren Einflüsse gemeinsam zu verändern, charakterisiert gute Ehen. Die Vorstellung von Ehe als einer statischen Institution, die auf ewig in derselben Form Bestand hat, ist überholt. Menschen entwickeln sich im Laufe der Jahre, und ebenso entwickeln sich Paarbeziehungen von ganz allein, ob man will oder nicht.

Lassen Sie sich daher nicht von allem Neuen verlocken, bleiben Sie jedoch dennoch stets offen, beweglich und lebendig.

Sichern Sie die materiellen und finanziellen Grundlagen Ihrer und anderer Familien

Ein wesentlicher Aspekt eines gut funktionierenden familiären Immunsystems ist finanzielle und materielle Sicherheit bei gleichzeitiger Balance zwischen Arbeit und Freizeit in der Familie. Sorgen Sie dafür, dass Sie möglichst nicht in finanzielle Schwierigkeiten geraten, nehmen Sie Ihren Dispokredit möglichst nicht in Anspruch. Gerade im Bereich der Jugendhilfe haben wir es häufig mit Familien zu tun, die hoch verschuldet sind. Mit einem kleinen, zudem oft unsicheren Gehalt versuchen sie, sich vieles von dem zu leisten, was man heutzutage – zumindest der Werbung zufolge – einfach haben »muss«, um glücklich zu sein. Die daraus resultierenden Schulden sind jedoch Ballast, den diese Familien immer mit sich herumschleppen, der ihnen Kraft und Energie raubt und den Blick in die Zukunft verstellt. Finanzielle Streitigkeiten und Probleme sind allerdings einer der größten Risikofaktoren für eine Ehe. Männer, die ihrer Familie keine finanzielle Sicherheit bieten können, werden häufig von ihren Partnerinnen verlassen.

Bei weitem nicht alle Eltern verfügen indes über eine gute Ausbildung und Karrierechancen, um ihre Familien materiell ausreichend zu versorgen. In diesem Fall sind besonders familienpolitische Lösungen des Staates gefragt. Die Geschichte der häufig glorifizierten »goldenen Fünfzigerjahre« in Amerika belegt, dass es Familien dann gut geht, wenn sie sozioökonomischen Rückhalt seitens des Staates erhalten.

Es gibt jedoch auch auf kommunaler Ebene familienorientierte Projekte – z. B. die finanzielle Unterstützung von Betreuungsstätten für kleine Kinder –, die Sie durch Ihr eigenes gesellschaftliches Engagement unterstützen können. Machen Sie in Vereinen, Verbänden oder Parteien Ihren Einfluss geltend, setzen Sie sich für das Wohlergehen auch anderer Familien ein. Chancengleichheit und Solidarität sind ein hohes gesellschaftliches

Gut, das täglich aufs Neue hergestellt werden muss. Es reicht nicht, sich in seinem Eigenheim zurückzulehnen, die Partei zu wählen, in deren Programm die Begriffe »Chancengleichheit« und »Solidarität« stehen, und ansonsten dafür zu sorgen, dass man selbst auf die Gewinnerseite kommt oder dort bleibt.

Fördern Sie Ihre emotionale Intelligenz und die Ihrer Kinder

Für das gute Funktionieren einer Familie ist die Fähigkeit der Erwachsenen, ihre Gefühle – Freude, Ärger, Traurigkeit, Hoffnung, Schmerz, Liebe, Angst, Dankbarkeit, Enttäuschung – zum Ausdruck zu bringen und darüber zu sprechen, von nicht zu überschätzender Bedeutung. Eine Bemerkung vorweg: Jeder Mensch geht mit seinen Gefühlen auf ganz individuelle Art und Weise um. Für die Förderung Ihrer Kinder reicht es zumeist aus, dass Sie sich aufrichtig darum bemühen, Ihr Bestes zu geben.

Gefühle sind etwas zutiefst Gesundes und äußerst Wichtiges. In seinem lesenswerten Buch *Raising an emotionally intelligent child* macht der amerikanische Psychologe John Gottman deutlich: Kinder und Jugendliche, die gelernt haben, mit ihren Gefühlen offen umzugehen, verfügen zumeist über einen besseren körperlichen und seelischen Gesundheitszustand. Es fällt ihnen leichter, befriedigende Beziehungen zu Gleichaltrigen herzustellen, sie erzielen bessere schulische Leistungen, leiden seltener unter Aufmerksamkeitsstörungen und neigen weniger zu Hyperaktivität oder Aggressivität. Als Erwachsene führen sie glücklichere und dauerhaftere Beziehungen. Emotionale Intelligenz schauen sich Kinder und Jugendliche vor allem von Erziehungspersonen ab, die in der Lage sind, ihre Gefühle wahrzunehmen und auszudrücken. Aufgabe der verantwortlichen Erwachsenen ist es, die Emotionen der Kinder zu verstehen und auf diese angemessen zu reagieren.

Kinder und Jugendliche müssen außerdem lernen, unter welchen Umständen sie ihren Gefühlen ungebremst Ausdruck verleihen können und unter welchen Umständen es angebracht ist, sich emotional zurückzuhalten. In der Erziehung sollte es Eltern nicht darum gehen, Kinder vor negativen Gefühlen zu beschützen und ständig Freude und Fröhlichkeit heraufzubeschwören. Kinder müssen auch die Fähigkeit erwerben, Verzweiflung und Trauer zu durchleben und zu bewältigen. Die Erfahrung, auch schlimme Erlebnisse ertragen und verarbeiten zu können, ja, aus ihnen gestärkt hervorzugehen, fördert nicht nur das Selbstbewusstsein, sondern auch die Aufmerksamkeit: Wer das Schlechte erfahren hat, lernt das Gute genießen.

Ein positives emotionales Klima innerhalb der Familie trägt wesentlich zum Glück und zur Gesundheit der Kinder bei. Das bedeutet nicht, wie schon erwähnt, dass in der Familie jeden Tag eitel Sonnenschein herrschen muss; wichtiger ist vielmehr, dass Kinder in ihrer Familie Verständnis, Empathie und emotionale Unterstützung erfahren.

Zusammenfassung

Das Eingebundensein in unterstützende und verbindliche Beziehungen sowohl innerhalb als auch außerhalb der Familie ist der wichtigste Aspekt, der zur Resilienz beiträgt. Das zeigen die meisten wissenschaftlichen Studien zum Thema. Weitere Aspekte, die sich in diesen Studien in Bezug auf Resilienz herausgestellt haben, sind

- die Fähigkeit; realistische Pläne zur Lebensgestaltung zu entwickeln und auch Schritte zu unternehmen, um diese Pläne zu realisieren,
- eine positive Sicht auf sich selbst und Vertrauen in die eigenen Fähigkeiten und Stärken,
- Fertigkeiten in Kommunikation und im Lösen von Problemen,
- die Kompetenz, konstruktiv mit intensiven Gefühlen und Impulsen umzugehen.

Die American Psychological Association (APA) hat analog dazu aus wissenschaftlichen Studien zehn Faktoren ermittelt, die helfen können, Resilienz aufzubauen, und folgendermaßen formuliert (http://apahelpcenter.org/featuredtopics/feature.php?id=6):

1. Verbinde dich mit anderen Menschen.
2. Vermeide es, Krisen als unüberwindliche Probleme zu betrachten.
3. Akzeptiere, dass Veränderungen einfach zum Leben gehören.
4. Verfolge deine Ziele.
5. Triff Entscheidungen, die einen Unterschied machen.
6. Suche nach Möglichkeiten der Selbsterfahrung.
7. Pflege ein positives Selbstbild.
8. Vermeide das Bagatellisieren und das Dramatisieren.
9. Bewahre dir einen gesunden (aber nicht blinden) Optimismus.
10. Gib auf dich selbst acht.

Abschließend ist wichtig festzustellen, dass Resilienz keine Charaktereigenheit oder Persönlichkeitseigenschaft ist, die man hat oder nicht hat. Resilienz setzt sich aus Verhaltens- und Denkweisen zusammen, die gut erlernt, entwickelt und vervollkommnet werden können.

Was kann Familie leisten?

Folgende Tipps und Hinweise zur Erziehung von Kindern, besonders von Kleinkindern, und zur befriedigenden Gestaltung des Familienalltags sollen Ihnen als Vorschläge und zur Anregung dienen. Bei dieser Gelegenheit sei allerdings nochmals betont: Für Probleme und Fragen rund um Familie und Erziehung gibt es weder Patentrezepte noch -lösungen – wichtig ist ausschließlich das aufrichtige und verantwortungsbewusste Bemühen der Eltern und Erziehungspersonen, ihr Bestes zu geben.

Bevor Sie also nun bei einigen Tipps vielleicht denken: »Oje, das ist nicht zu schaffen«, und schon vorab die Flinte ins Korn werfen, lassen Sie sich nicht verrückt machen. Zum einen reicht es meist, gut genug zu sein, zum anderen sollten Sie bedenken: Die zweit- oder drittbeste Lösung tut es meist auch.

Investieren Sie in Ihre Kinder

Die ersten Lebensjahre sind für Kinder von prägender Bedeutung: Die Zuwendung, Aufmerksamkeit, Fürsorge und Pflege, die Säuglinge und Kleinkinder von ihren Eltern erfahren, wirken sich positiv auf ihr körperliches und psychisches Wohlbefinden und die Entwicklung von Selbstwert- und Sicherheitsgefühl, Körperempfinden, sozialen und emotionalen Fähigkeiten aus. Ihr Kind dankt es Ihnen mit einem Lächeln und später, wenn es erwachsen ist, damit, dass es seinen Kindern dieselbe Wärme und Liebe schenkt, die es selbst einst von Ihnen erhalten hat.

Was heißt nun »Investieren« im Zusammenhang mit Eltern-Kind-Beziehungen? Immer noch sind viele Eltern leider davon überzeugt, dass sie von ihren Kindern vor allem Dankbarkeit zu erwarten haben. Unserer Meinung nach ist es jedoch die vorrangige Aufgabe von Kindern, die von den Eltern erworbenen Fähigkeiten und Werte weiterzugeben. Machen Sie es sich bewusst, dass es doch eigentlich für Eltern eine Freude sein müsste, zu sehen, dass die eigenen Kinder ebenfalls Kinder bekommen und mit ihren Kindern gut umgehen, sie zu sozial kompetenten Menschen erziehen. Was will man mehr?

Eltern, die ihre Kinder (ge)brauchen, um sich selbst zu bestätigen, fügen ihren Kindern Leid zu und stürzen sie in schlimme Konflikte. Eltern, die von ihren Kindern erwarten, dass diese sich für sie aufopfern, haben anscheinend nicht gut genug für sich selbst gesorgt. Wie kann ein Kind das zurückzahlen, was es von seinen Eltern bekommen hat? Abgesehen davon, dass es ihnen sein Leben verdankt, sind allein die vielen schlaflosen Nächte, die vielen Stunden der Beschäftigung mit dem Kind überhaupt nicht auszugleichen. Zumindest in materieller Hinsicht, bezüglich Zeit und Geld, existiert hier nie eine ausgeglichene Balance zwischen Geben und Nehmen. Gleichwohl weiß natürlich jeder, der Kinder hat, dass das Lächeln eines Kindes oft alle Mühe und Anstrengung reich belohnt.

In einem Vortrag zum Thema Misshandlung und Gewalt gegenüber alten Menschen bemerkte der frühere niedersächsische Justizminister Professor Christian Pfeiffer (zuvor und heute Leiter des Kriminologischen Forschungsinstitutes Niedersachsen) etwas flapsig, aber dennoch treffend: »Man bekommt im Alter das, was man verdient.« Er bezog sich mit dieser Bemerkung auf den Befund, dass jene Eltern von ihren Kindern im Alter misshandelt werden, die mit ihren Kindern, als sie klein waren, ebenfalls gewalttätig umgegangen sind. Wer seine Kinder gut behandelt hat, wird von diesen im Alter in der Regel ebenfalls liebevoll und fürsorglich behandelt. Also: Verabschieden Sie sich von der Erwartungshaltung, Ihre Kinder müssten Ihnen etwas zurückgeben. Ihre Kinder müssen dem Leben und anderen Menschen etwas geben. Sie als Eltern haben es selbst in der Hand, dass

Ihre Kinder Gutes weiterzugeben haben. Tun Sie also etwas dafür!

Im Säuglingsalter bedeutet elterliche Investition vor allem folgende Verhaltensweisen:

1. **Primäre Pflege:** Zur primären Pflege eines Kleinkindes gehören die Ernährung (das Stillen), Schutz und Hygiene. Je selbstverständlicher ein Baby diese primär lebenserhaltende Pflege erfährt, desto weniger Stress und negative Gefühle erlebt es, und ein desto stärkeres Gefühl von Sicherheit und Vertrauen gegenüber seiner Umgebung und seinen Bezugspersonen entwickelt es.

2. **Körperkontakt:** In unserer Kultur ist das Herstellen von Körperkontakt teilweise mit ambivalenten Gefühlen verbunden. Gerade der Körperkontakt zu vertrauten Personen fördert jedoch die Beziehungsqualität. In vielen anderen Kulturen tragen Mütter und weibliche Bezugspersonen Babys am Körper: die Aka-Pygmäen-Mütter sogar ungefähr acht Stunden am Tag. Bei den südamerikanischen Aché-Indianern sind die Kinder über 90 Prozent der Tageszeit mit Bezugspersonen in Körperkontakt. Zum einen schützt dieses permanente körperliche Zusammensein von Mutter und Kind das Kind vor möglichen Gefahren, zum anderen wird ein enormes Maß an emotionaler Wärme vermittelt. Eltern-Kind-Beziehungen, die sich durch Nähe und Wärme auszeichnen, führen zu einem gestärkten Vertrauen zueinander. Kinder lernen zudem viel eher, als es ohne diese Nähe möglich wäre, die durch die Eltern verkörperten Werte zu akzeptieren. Sie werden sich später seltener gegen feste Regeln auflehnen.

3. **Körperstimulation:** Es tut sowohl Eltern als auch ihrem Kind gut, das Kind durch Berührung anzuregen und dabei auf die kindlichen Bewegungen einzugehen – also eigentlich so zu tun, als ob Eltern und Kind über den Körper miteinander redeten. Erwachsene, die sich lieben, tun dies auch. Die meisten

Eltern empfinden für ihre Kinder Liebe, und so ist es das Normalste der Welt, das eigene Baby zu berühren, womöglich, wie in vielen indischen Gesellschaften üblich, das Baby auch zu massieren. Gleichwohl ist natürlich die Eltern-Kind-Liebe etwas völlig anderes als die Paarliebe: Eltern-Kind-Beziehungen sind per se ungleiche Beziehungen. Zumindest bis ins frühe Jugendalter hinein zeichnen sie sich durch die materielle wie gefühlsmäßige Abhängigkeit der Kinder von ihren Eltern aus. Im Wickelalter ist das Spiel auf dem Wickeltisch eine gute Möglichkeit körperlicher Anregung. Kinder, die in ausreichendem Maße körperliche Anregung erfahren haben, zeigen sich in der Regel geschickter.

4. **Objektstimulation:** Die Anregung des Babys durch Objekte, z. B. Spielzeuge, ist in westlichen Gesellschaften weitgehend üblich. Kinder lernen bei diesem Spiel die Welt entdecken. Die Palette von möglichen Spielen und Spielzeugen ist vielfältig, angefangen von der leeren Kunststoffwasserflasche, die ein Baby hervorragend »bearbeiten« kann, bis zur edlen Holzrassel. Lassen sie Ihr Kind mit den Dingen spielen, die es interessant findet (natürlich, sofern diese nicht gefährlich sind). Spielzeug ist spannend, keine Frage, aber seien Sie auch nicht enttäuscht, wenn Ihr Kind es achtlos in der Ecke liegen lässt, um lieber in Ruhe die Kehrschaufel zu inspizieren. Das kommt vor und ist gut so.

5. **Face-to-face-Verhalten:** Im direkten Blickkontakt zwischen Mutter und Kind, im Sich-gegenseitig-Anschauen erlebt das Kind seine Einmaligkeit. Es erfährt Selbstwert, weil es unmittelbare Antworten auf seine eigenen Signale erhält. Das ist neben all den Regungen, die sich dabei im Gesicht abspielen, besonders auch durch das Sprechen miteinander gegeben. Glauben Sie nicht, kleine Kinder wären zum Reden nicht in der Lage. Sicher, sie verwenden nicht die Worte, die sie erst später erlernen werden, doch sie teilen sich mit. Sie brabbeln. Wenn es Ihnen Spaß macht, dann brabbeln Sie mit. Sie wiederholen

das, was Ihr Kind sagt, fügen eventuell neue Laute hinzu, spielen mit Ihrem Kind und ermöglichen ihm auf diese Weise, noch deutlicher zwischen sich und anderen zu unterscheiden. Gerade in unserer Gesellschaft, die so sehr auf Individualität und frühe Unabhängigkeit setzt, ist die Fähigkeit, sich selbst nahe zu sein, ein Anpassungsvorteil.

Kinder brauchen Geborgenheit

Die Entwicklung von zwischenmenschlichen Beziehungen im Laufe des Lebens wird am schlüssigsten von der Bindungstheorie erklärt, die John Bowlby in den 1950er-Jahren begründete. Zunächst hatte sich der englische Kinderarzt und Psychoanalytiker mit den Auswirkungen von Elternlosigkeit bei Kriegswaisen beschäftigt. Basierend auf seinen Untersuchungen entwickelte sich ein Bereich der psychologischen Forschung, der sich intensiv und ausgesprochen differenziert mit der Frage der Herausbildung von Beziehungen im Säuglings- und frühkindlichen Alter befasst. Gearbeitet wird dabei mit der detaillierten Analyse von Eltern-Kind-Interaktionen mittels Videotechnik.

Im Säuglingsalter nehmen Kinder elterliche Reaktionen, die innerhalb winzigster Zeiträume, genauer gesagt innerhalb von 200 bis 800 Millisekunden, auf ihr eigenes Verhalten folgen, als unmittelbare Antwort auf dieses wahr. Babys können Ereignisse, die länger als eine Sekunde zurückliegen, nicht zuordnen – sie leben, im wahrsten Sinne des Wortes, im Hier und Jetzt. Dementsprechend müssen Reaktionen der Erziehungspersonen nicht nur sehr feinfühlig sein, sondern auch unmittelbar – unwillkürlich – erfolgen. Auch wenn es sich dabei um ein weitestgehend intuitives Verhalten handelt, ist es dennoch erlernbar. Wichtig sind vor allem der Blickkontakt und Erwiderungen auf das erste Gebrabbel.

John Bowlby steht in der Tradition der Verhaltensbiologie, die davon ausgeht, dass das menschliche Verhalten in seiner heutigen

Ausprägung Resultat der menschlichen Entwicklung auf der Erde über 1,8 Millionen Jahre hinweg ist. 99,7 Prozent dieses Zeitraums, bis vor etwa 10 000 Jahren, haben Menschen dabei unter recht konstanten Umweltbedingungen gelebt. Bindungsforscher und moderne Neurobiologen gehen davon aus, dass Kinder als »kompetente« Säuglinge auf die Welt kommen, d. h. bereits bei ihrer Geburt mit einem bestimmten Vorrat an Verhaltens- und Ausdrucksmöglichkeiten (auch Bindungsverhalten genannt) ausgestattet sind. Zum Bindungsverhalten gehören beispielsweise die Fähigkeit, zu weinen und damit Unwohlsein auszudrücken, oder die Fähigkeit, Blickkontakt zu suchen. Für Kinder ist das Bindungsverhalten lebenserhaltend, denn es aktiviert im Normalfall bei den Bezugspersonen Pflege und Fürsorge, die dem Kind Schutz und Sicherheit bieten. Außerdem entwickelt der Säugling ein Explorations- bzw. Erkundungsverhalten. Bindungs- und Explorationsverhalten sind zwei Verhaltenssysteme, die nicht gleichzeitig aktiv sein können: Ein Baby wird nicht seine Umwelt mit den Augen absuchen und entdecken und zur gleichen Zeit lauthals schreien.

Ende der 1960er-Jahre führte Mary Ainsworth eine Untersuchung durch, die unter der Bezeichnung »Fremde-Situation« berühmt wurde. In diesem Experiment wurde beobachtet, wie sich einjährige Kinder verhalten, wenn sie in einem ihnen unbekannten Spielzimmer von ihren Müttern für höchstens drei Minuten allein gelassen werden. Kinder mit einer sicheren Bindung zeichneten sich durch ein ausgewogenes Verhältnis zwischen Bindungsverhalten (Weinen, Suchen der Mutter) und Explorationsverhalten (Entdecken der fremden Umgebung, Spielen) aus. Interessant war in diesem Zusammenhang die Feststellung, dass Kinder, die beim Hinausgehen und Wiederkommen der Mutter ausdruckslos und gelassen wirkten und von den Forschern zunächst als sicher gebunden eingeschätzt wurden, bei genauerer Betrachtung doch unscheinbare Unsicherheiten zeigten, die sich im Gesichtsausdruck und in der Körperhaltung ausdrückten.

Eine Messung der Kortisolwerte ergab, dass die scheinbar ausgeglicheneren Kinder wesentlich mehr Stress empfanden als jene Kinder, die weinten, als die Mutter das Zimmer verließ. Die Studie offenbarte, dass unsicher gebundene Kinder über keine Möglichkeit verfügen, ihren Stress durch angemessenes Verhalten auszudrücken, während sicher gebundene Kinder beim Weggang der Mutter schreien und beim Eintreten der Mutter deren sicheren Halt suchen, sich trösten lassen und dann weiterspielen.

Die Bindungstheorie unterscheidet drei Bindungstypen:

1. **Unsicher-vermeidende Kinder** haben gelernt, dass man ihren Ängsten und Sorgen wenig Aufmerksamkeit schenkt, sie reagieren scheinbar unbewegt und »cool«, sind jedoch nicht in der Lage, ihr Stressempfinden durch entsprechendes Verhalten abzubauen.

2. **Sicher gebundene Kinder** sind in der Lage, Ärger und Trauer auszudrücken, wenn sie sich unsicher fühlen, und sich Trost zu holen, wenn sie diesen benötigen, um erneut Sicherheit zu verspüren.

3. **Ambivalent gebundene Kinder** wirken sehr ängstlich, wenn sich ihre Bezugsperson schwer vorhersehbar, bald feinfühlig, bald unaufmerksam, verhält.

In der frühen Kindheit erworbene Verhaltensmuster können das Verhalten bis ins Jugendalter prägen, können sich jedoch auch verändern, beispielsweise durch traumatische Erfahrungen, die einem Menschen jedes Sicherheitsgefühl rauben können, oder aber durch die Erfahrung von Geborgenheit, die das Sicherheitsgefühl erhöht.

Die Entwicklungspsychologin Emmy Werner beobachtete über drei Jahrzehnte hinweg die Entwicklung von Menschen, die in ihrer Kindheit unter ungünstigen Verhältnissen (große Armut, Verlust eines Elternteils, chronische Psychose eines Elternteils) aufwuchsen. Sie stellte dabei fest, dass viele Personen dieser »Risikogruppe« zu bindungssicheren Erwachsenen heranwuchsen, nachdem sie in ihrer Kindheit Zuwendung durch andere Erwachsene (z. B. einen Onkel, eine Oma, eine Nachbarin) erfahren hatten oder im frühen Erwachsenenalter Freundschaften und Partnerschaften knüpften oder in Vereine eintraten. Als hilfreich erwiesen sich außerdem eine gute Einbindung ins Arbeitsleben, die Absolvierung einer zusätzlichen Ausbildung oder der Eintritt in die Armee.

Welche Schlussfolgerungen aus der Bindungstheorie können Eltern für ihre alltägliche Erziehungspraxis übernehmen?

- Eltern sollten ihren Kindern Sicherheit bieten, eine sichere Basis sein. Die Forschung zeigt, dass Kinder, die die Erfahrung gemacht haben, einer Bezugsperson vertrauen und sich auf deren Schutz verlassen zu können, Selbstvertrauen und Selbstsicherheit entwickeln. Sie lernen, sich auf sich selbst zu verlassen, und erlangen Selbstbewusstsein, was einhergeht mit dem Erkennen und Anerkennen der eigenen Grenzen und der Ausbildung einer sicheren Basis in sich selbst. Grenzenloses Selbstvertrauen und Coolness sind kein Zeichen eines gesunden Selbstbewusstseins.
- Sicher gebundene Kinder sind sozial kompetenter. Sie sind in der Lage, befriedigende Beziehungen einzugehen, und treten anderen Menschen mit einer angemessenen, jedoch nicht blauäugigen Erwartungshaltung gegenüber.
- Man kann Säuglinge und kleine Kinder nicht verwöhnen – entgegen der landläufigen Auffassung, man dürfe nicht allzu sehr auf jede Regung seiner Kinder eingehen. Sicher, man kann Kinder zu ängstlichen oder Angst verleugnenden Menschen erziehen. Grundsätzlich ist jedoch wichtig, dass Eltern spontan, ohne langes Abwägen, auf das Verhalten ihrer Kleinkinder reagieren und ihnen so ein Gefühl von Geborgenheit vermitteln.
- Eltern sollten auf ihre Kleinkinder Rücksicht nehmen, gegebenenfalls eigene Bedürfnisse hinter die der Kinder zurückstellen.

Ein Discobesuch kann für junge Eltern noch so verlockend sein, es gilt trotzdem: Lassen Sie Ihren Säugling nachts nicht allein. Gestillte Kinder können in den ersten drei bis vier Lebensmonaten in der Regel nicht länger als vier Stunden auf ihre Mutter verzichten. Sind Sie trotzdem gezwungen, Ihr Kind für längere Zeit zu verlassen, so bemühen Sie sich darum, dass eine zuverlässige Person sich in dieser Zeit liebevoll um Ihr Baby kümmert. Die ersten Lebensmonate sind nicht nur für die Entwicklung eines Kindes sehr wichtig, sie können auch für die Eltern eine sehr schöne Zeit sein. Soweit dies möglich ist, verbringen Sie diese Zeit intensiv mit Ihrem Kind.

Berechenbarkeit: Kinder wollen es einfach und überschaubar

Sorgen Sie für eine klare Tagesstruktur

Kommen Familien wegen einer Verhaltensauffälligkeit ihres Kindes in unsere familientherapeutische Praxis, so stellen wir in den meisten Fällen fest, dass diese Familien in völlig ungeordneten oder in zwanghaften Tagesabläufen leben. Klarheit bedeutet weder Chaos noch Starrheit, sondern Berechenbarkeit, Geregeltheit, wobei sich die Regeln an den Bedürfnissen der Menschen ausrichten. Das heißt: Die Regeln sind für die Menschen da und nicht die Menschen für die Regeln.

Ein klar gegliederter Tagesablauf – beginnend mit einer feststehenden Weckzeit und idealerweise einem gemeinsamen Frühstück – vermittelt Verlässlichkeit und Sicherheit. Bemühen Sie sich um regelmäßige, möglichst gemeinsame Mahlzeiten, Zeiten zur Erledigung der Hausaufgaben, zum Aufräumen. Versuchen Sie zusammen mit allen Familienmitgliedern; einige Routinen einzuführen, die Ihren Alltag strukturieren.

Stiften Sie durch Rituale »heilige Zeiten«

Familien brauchen Rituale, also Ereignisse, die immer wieder auf eine bestimmte Weise begangen werden. So wie Festtage, Geburten, Hochzeiten, Beerdigungen in verschiedenen Kulturen auf ganz unterschiedliche, doch jeweils feststehende, geregelte Weise gefeiert werden, sollte auch jede Familie ihre Bräuche einführen und pflegen. Rituale bringen soziale Verhaltensweisen zu bestimmten Anlässen in regelmäßiger und immer gleicher Form hervor. Durch sie erleben Menschen Gemeinschaft, Vertrautheit und Nähe. Rituale schaffen Sinn und Ordnung und strukturieren die Zeit. Ein Ritual kann selbst einer kurzen Zeit des Zusammenseins eine besondere Bedeutung verleihen.

> Peter ist 35 Jahre alt und arbeitet als Geschäftsführer eines mittelständischen Unternehmens wöchentlich etwa 45 bis 50 Stunden. Er mag seinen Beruf, doch er findet es sehr schade, dass er seine siebenjährige Tochter Jasmin dadurch viel zu wenig sieht. Er erinnert sich, dass er Jasmins erste zwei Lebensjahre sehr intensiv mit ihr verbrachte – zu dieser Zeit studierte er noch. Gleichwohl kommen Vater und Tochter gut mit der nun wenigen gemeinsamen Zeit zurecht. Peter bringt seine Tochter nahezu jeden Abend zu Bett und liest ihr eine Gutenachtgeschichte vor. Jasmin bezeichnet dieses Ritual als »unsere Insel«.

Wollen Sie in Ihrer Familie Rituale einführen, so beachten Sie Folgendes:

- Rituale zeichnen sich durch regelmäßige Wiederholung aus: Bestimmte Handlungen werden immer wieder auf die gleiche oder eine ähnliche Weise vollzogen.
- Es wird dabei etwas getan, z. B. gekuschelt oder eine Geschichte vorgelesen, nicht nur geredet. Rituale heben sich vom Alltag ab.
- Rituale haben eine innere Ordnung, einen deutlich markierten Anfang und ein Ende. Sie werden gemeinsam durchgeführt.

Sie können z. B. das gemeinsame Essen zu einem Ritual etablieren. Essen Sie jeden Abend oder zumindest so regelmäßig wie möglich, zur gleichen Uhrzeit gemeinsam. Decken Sie den Tisch geschmackvoll, zünden Sie vielleicht Kerzen an und hören Sie beim Essen ruhige Musik.

Eine wesentliche Voraussetzung für Rituale ist, dass die daran beteiligten Menschen tatsächlich einander zugewandt sind und ein wirkliches Interesse aneinander haben. Andernfalls können noch so viele Kerzen brennen – das Ritual bliebe lediglich hohle Form.

Legen Sie Wert auf klare Verantwortlichkeiten

Sind in einem Unternehmen Aufgaben- und Arbeitsbereiche nicht klar strukturiert und Verantwortlichkeiten nicht eindeutig zugewiesen, so leidet zum einen die Arbeitsleistung der einzelnen Mitarbeiter und zum anderen die Arbeitsatmosphäre. Kunden beschweren sich, reklamieren die erbrachte Leistung, Nachbesserungen sind erforderlich, Überstunden müssen geleistet werden, die allgemeine Stimmung in der Firma ist gereizt, Mitarbeiter fürchten um ihren Arbeitsplatz, sind wenig motiviert – Frustration macht sich auf allen Ebenen breit. In Familien ist das fast genauso. Ärger kommt auf, weil keines der Familienmitglieder genau weiß, wer sich um was zu kümmern hat.

In der Familie Thomann gibt es Ärger wegen der schlechten schulischen Leistungen des neunjährigen Maximilian. Frau Thomann hat ein Auge darauf, dass Maximilian jeden Tag seine Hausaufgaben erledigt; enthalten diese jedoch viele Fehler, so schickt sie ihn abends zu ihrem Mann. Jedes Mal, wenn Maximilian und Herr Thomann wegen der Hausaufgaben aneinander geraten, kommt es zum Streit: Herr Thomann ruft Maximilian zu sich. Der Junge betritt bereits widerwillig, mit gesenktem Kopf, das Zimmer. Herr Thomann schreit Maximilian an, worauf der in Tränen ausbricht – es ist immer wieder die gleiche Szene.

In der Beratung äußert Herr Thomann, dass es ihm zuwider sei, sich um die Hausaufgaben des Jungen zu kümmern – wenn er abends von der Arbeit komme, sei er müde und wolle seine Ruhe haben. Außerdem nerve ihn die Situation an sich: Maximilian ist Frau Thomanns Sohn aus erster Ehe – Herr Thomann habe keine Lust, Vater zu spielen, und würde sich mit dem Jungen lieber anderweitig beschäftigen. Frau Thomann wiederum fühlt sich gänzlich überfordert: Sie kümmert sich um den Haushalt und die beiden gemeinsamen Kinder, die vier und sechs Jahre alt sind, besucht außerdem die Elternabende im Kindergarten und in der Schule. Sie wünscht sich Entlastung durch ihren Mann.

Nach fünf Beratungsterminen einigen sich Herr und Frau Thomann auf folgende Arbeitsteilung: Herr Thomann wird in Zukunft die Elternabende besuchen, und Frau Thomann achtet darauf, dass Maximilian seine Hausaufgaben in Ruhe erledigen kann. Das Korrigieren überlassen die Eltern von nun an der Schule; zudem entscheiden sie sich, für zwei Stunden wöchentlich eine Haushaltshilfe zu engagieren, die Frau Thomann einen Teil der Hausarbeit abnehmen soll.

Eine unklare Aufgabenverteilung belastet das Familienklima, das Verhältnis zwischen Eltern und Kindern und vor allem die Beziehung zwischen den Eltern. Kennen Sie solche oder ähnliche Querelen, so überdenken Sie die Strukturierung Ihres Alltags und die Aufgabenverteilung in Ihrer Familie.

- Nur die wichtigsten Abläufe sollten geregelt sein. Allzu viele Regeln sind eher ein Zeichen für die Unsicherheit des familiären Systems – in diesem Fall sollten Sie sich eher Gedanken über die Ursachen dieser Unsicherheit machen und sie beheben. Bei dem, was dann zu tun ist, reicht die Palette nun wieder von Selbsterkenntnis, dem Gespräch mit der Nachbarin, dem guten Freund bis hin zur Therapie. Wenn Sie es selbst schaffen: wunderbar! Wenn Sie sich Hilfe holen: mutig!
- Treffen Sie verbindliche Vereinbarungen und bedenken Sie dabei, dass diese nur sinnvoll sind, wenn sie auch wirklich eingehalten werden: Wer ist für welche Aufgaben verantwortlich, wer

kümmert sich beispielsweise um die notwendigen Arztbesuche der Kinder, wer besucht Elternabende und -gespräche in der Schule und im Kindergarten?

• Überdenken Sie in regelmäßigen Abständen, ob diese Vereinbarungen noch zweckmäßig sind und ob die Verantwortlichen ihnen noch nachkommen können und wollen. Bleiben Sie immer beweglich und für Veränderungen offen und treffen Sie Vereinbarungen gegebenenfalls neu.

Kinder brauchen starke Eltern

Die Aufgabe von Eltern und Erziehungspersonen ist es, Kindern und Jugendlichen Halt zu geben und, damit einhergehend, Führung zu bieten. Führung bedeutet nicht Willkür, sondern Aufmerksamkeit gegenüber allen Beteiligten und die Bereitschaft, Verantwortung zu übernehmen, Regeln und Grenzen zu verhandeln und an die Einhaltung dieser zu erinnern. Innerhalb einer Familie können Eltern diese Führungsrolle und Verantwortung an niemanden abgeben. Eltern sind dafür zuständig, alle Kinder in gleichem Maße wahrzunehmen und auf deren Bedürfnisse und Wünsche zu reagieren.

Sie erziehen Kinder gleichermaßen zu aufmerksamkeitssüchtigen Menschen, wenn Sie ihre Versuche, Aufmerksamkeit zu erregen, entweder ignorieren oder in jedem Fall sofort entsprechend beantworten. Signalisieren Sie Ihrem Kind stattdessen besser durch Worte oder durch Gesten, dass Sie sein Ersuchen wahrgenommen haben, aber jetzt nicht darauf eingehen können, und sagen Sie ihm eine Zeit zu, in der es auf Ihre volle Aufmerksamkeit rechnen kann. Auf diese Weise nehmen Sie ewigem Quengeln den Wind aus den Segeln. Sie als erwachsener Verantwortlicher leiten den Beginn der Kommunikation ein und setzen deren Schlusspunkt.

In einer Jugendhilfeeinrichtung werden Pädagogen bei ihrer alltäglichen Arbeit gefilmt, darunter eine 28-jährige Erzieherin, die sich mit sechs Kindern, davon fünf leicht geistig behindert, in einem Abendspielkreis beschäftigt. Die Erzieherin möchte diesen Abendspielkreis als Ritual etablieren und sieht die Videobegleitung daher als eine willkommene Möglichkeit, ihre Arbeitsweise zu überprüfen, um sie zu verbessern. Methodisch arbeitet sie hervorragend, und die Kinder haben großen Spaß, obgleich das Spiel gegen Ende immer unruhiger und lauter wird.

Bei der Auswertung der Aufnahme fällt dennoch folgendes Verhaltensmuster auf: Jene Kinder, die sich am lautstärksten in den Mittelpunkt spielen, erhalten auch die größte Zuwendung von der Erzieherin. Das älteste und ruhigste Kind kommt mehrmals zuletzt an die Reihe. Ohne dass es der Erzieherin bewusst geworden ist, übernehmen die Kinder an einigen Stellen die Leitung des Spiels, was zum einen den Lautstärkepegel wesentlich erhöht und zum anderen zu Ungerechtigkeiten gegenüber dem stilleren Jungen führt. Aufgabe der Erzieherin wird es zukünftig sein, stärker darauf zu achten, dass sie selbst wieder den Ablauf des Spiels bestimmt, nicht die Kinder.

Erwachsene legen den Rahmen und die Regeln der gemeinsamen Beschäftigung fest, ohne allerdings diktatorisch alles bestimmen zu wollen und so zu tun, als wüssten sie alles besser. Im Gegenteil: Starke Erziehungspersonen haben auch Schwächen. Ihre Stärke besteht darin, ihre Schwächen benennen, selbstkritisch anerkennen und als Lernpunkte aufgreifen zu können. Starke Eltern lassen sich durchaus auch von ihren Kindern überzeugen und machen deutlich, dass sie mit ihrer Entscheidung dem Vorschlag der Kinder folgen. So behalten sie die Verantwortung. Und Kinder wiederum brauchen das Erlebnis, Erwachsene überzeugt zu haben – das stärkt ihr Selbstbewusstsein, und sie erlernen Selbstvertrauen. Starke Eltern haben starke Kinder.

Loben Sie Ihre Kinder nur für konkretes Verhalten – nur echtes Lob für echte Taten. Kinder sollten nicht mit Sätzen wie »Heute warst du ein toller Junge!« gelobt werden; ebenso wenig sollten sie kein Lob erfahren für Fähigkeiten, die in ihrem Alter selbstverständlich sind. Im ersten Fall ist das Lob inhalts- und sinnlos, denn das Kind weiß gar nicht, wofür es gelobt wird. Im zweiten Fall zeugt das Lob nicht gerade von großem Zutrauen der Eltern gegenüber ihrem Kind.

Die sechsjährige Doreen hilft ihrer Mutter mit Begeisterung im Haushalt. Perfekt saugt sie in ihrem Zimmer und im Wohnzimmer. Doreens Mutter musste allerdings erst lernen, die Hilfe ihrer Tochter zuzulassen. Als sie selbst noch ein kleines Kind war, hatte sie ihren Eltern nie bei der Hausarbeit helfen dürfen, und später, als sie bereits im Jugendalter war, wurden ihr Hausarbeiten übertragen, gleichviel, ob sie diese erledigen wollte oder nicht. Als Doreen ihr zum ersten Mal beim Spülen half, hatte sie sich darüber geärgert, dass die Gläser nicht richtig sauber waren und sie selbst noch einmal nachspülen musste.

Später tat es ihr dann leid, und sie begriff, dass sie sich über das Hilfsangebot ihrer Tochter lieber freuen sollte. Seither gibt sie dem Eifer ihrer Tochter Raum. Und sind die Gläser einmal nicht ganz sauber, so stellt sie diese trotzdem in den Schrank.

Achten Sie vor allem auf das, was Ihr Kind kann, und weniger auf das, was Ihr Kind nicht kann. Nehmen Sie folgenden Satz vielleicht als Gedankenstütze: »Das, was am Käse schmeckt, ist der Käse, nicht die Löcher.« Plagen Sie allerdings selbst einmal Zweifel an Ihrem erzieherischen Geschick, so teilen Sie diese Ihren Kindern nicht unreflektiert mit. Kinder sind nicht dazu da, ihre Eltern zu trösten oder ihnen einen Sinn im Leben zu geben.

Kinder sind glücklich, wenn ihre Eltern glücklich sind

Kinder fühlen, wenn es ihren Eltern gut geht. Sie haben ein feines Gespür für schiefe Töne, die sie belasten, und für Harmonie, bei der sie sich entspannen können.

Nehmen Sie sich nicht wichtiger als Ihre Kinder, aber auch nicht unwichtiger. Sorgen Sie für sich selbst und dafür, dass Sie sich in Ihrer Partnerschaft wohl fühlen – denn auch Ihr Kind freut sich, wenn es Ihnen gut geht. Wenn es etwas größer ist, dann gehen Sie mal wieder aus, ins Kino, ins Theater oder zum Essen. Es wird Tage geben, an denen Sie abends etwas vorhaben – und plötzlich fühlt sich Ihr Kind unwohl, und es hat nichts Besseres zu tun, als krank zu werden. So ist das Elternleben eben. Hadern Sie auch dann nicht mit Ihrem Schicksal. Öffnen Sie eine Flasche Rotwein, sehen Sie fern, hören Sie Musik, kuscheln Sie mit Ihrem Partner.

Engagieren Sie einen wirklich zuverlässigen Babysitter, der Ihr Kind mag und kennt, der einspringt, wenn es notwendig ist, und sich liebevoll um Ihr Kind kümmert. Ihr Kind bricht in großes Gezeter aus, wenn Sie sich zum Weggehen fertig machen? Vertrauen Sie Ihrem Babysitter und gehen Sie. Kurz nachdem Sie die Tür hinter sich geschlossen haben, wird Ihr Kind mit großer Wahrscheinlichkeit aufhören zu jammern und sich neugierig dem Babysitter zuwenden.

Familientherapie als Hilfe zur Selbsthilfe

Aus unserer Sicht ist es die Aufgabe einer Familie, ihren Kindern eine sichere Basis zu sein, die es ihnen im Laufe der Zeit ermöglicht, auch sich selbst als sichere Basis zu begreifen. Aus der Bindungsforschung gibt es deutliche Hinweise darauf, dass sicher gebundene Kinder eine Erwartungshaltung entwickeln, aus der heraus sie die Begegnung mit anderen Menschen als angenehm und lohnend betrachten können. Wie man in den Wald hineinruft, so schallt es heraus. Diese Kinder pflegen positive und befriedigende Beziehungen und entwickeln sich zu sozial kompetenten Menschen.

Eltern und andere Erziehungspersonen sollten Kindern den notwendigen eigenen Gestaltungsspielraum gewähren, ihnen helfen, eigene Grenzen wie auch die Grenzen anderer zu erfahren und zu respektieren. Übertragen Sie Ihren Kindern darüber hinaus Verantwortung, die sie auch bewältigen können, damit sie Freude daran entwickeln. Erziehen Sie ihre Kinder zu mutigen, aber nicht furchtlosen Menschen. Ermuntern Sie sie dazu, aufrichtige Beziehungen zu leben und Brüche im Leben zwar nicht zu suchen, aber doch zu akzeptieren.

Wir könnten die Liste von Vorschlägen fast endlos weiterführen, vielleicht lässt sie sich jedoch zu einer Frage verdichten: »Will ich, dass mein Kind so wird wie ich?« Wenn Sie diese Frage mit Nein beantworten, und dies tun sicher 99,9 Prozent von Ihnen, dann arbeiten Sie an sich selbst – und formen Sie Ihre Kinder nicht nach dem Bild, das Sie gern von sich selbst hätten. Man kann andere Menschen nicht verändern. Wir können Sie nicht verändern, auch mit diesem Buch nicht, Sie können Ihren Partner nicht verändern – Sie können sich nur selbst verändern. Arbeiten Sie täglich so an sich selbst, dass Sie Ihren Kindern als gutes Vorbild dienen können.

Besinnen Sie sich in schwierigen Situationen zunächst auf Ihre eigenen Kräfte und die Stärken Ihrer Familie und wenden Sie sich um Hilfe und Rat an Verwandte oder Freunde. Wachsen Ihnen die Probleme jedoch über den Kopf, so sollten Sie eine Erziehungs- oder Familienberatungsstelle aufsuchen.

Wenn Sie familientherapeutische Beratung in Anspruch nehmen, dann sollten Sie darauf achten, dass der Therapeut niemals nur das Kind sieht, sondern stets Eltern und Erziehungsverantwortliche in die Therapie aktiv einbezieht. Außerdem sollte er gründlich arbeiten, d. h. unter anderem zunächst eine medizinische Abklärung veranlassen oder einholen (Therapeuten mit Kassenzulassung sind dazu sogar gesetzlich verpflichtet). Eine Psychotherapie sollte erst dann beginnen, wenn sicher ist, dass den zu klärenden Problemen keine rein organischen Ursachen zugrunde liegen. Dies sollte nun aber kein Plädoyer dafür sein, dass man nur zu einem kassenzugelassenen Therapeuten gehen darf, und sicher erschöpft sich eine gründliche Abklärungsphase auch nicht in der Einholung organischer Befunde.

Viele Menschen haben eine Familientherapie bereits erfolgreich absolviert und Gewinn daraus gezogen. Trotzdem sollte Ihnen bewusst sein, dass eine Familientherapie, wie jede andere

Wie funktioniert Familientherapie?

Eine Familientherapie sollte Sie als Familie darin unterstützen, allein bzw. mit Hilfe Ihres sozialen Umfeldes Probleme und Schwierigkeiten zu bewältigen. Familientherapeutische Sitzungen werden im Abstand von zwei bis vier Wochen durchgeführt, weil davon auszugehen ist, dass die entscheidenden Veränderungen und Entwicklungen im Familienalltag zwischen den Sitzungen passieren, d. h. sie gehen von den Familien selbst aus. Gregory Bateson, ein großer Theoretiker der Familientherapie, hat dies einmal folgendermaßen umschrieben: »Man kann das Pferd zur Tränke führen, trinken muss es jedoch selbst.«

Viele Erziehungs- und Familienberatungsstellen, die größtenteils durch den Staat oder die Kirchen finanziell getragen werden und für ihre Leistungen keine Kosten erheben, bieten Familientherapien an. Auch einige niedergelassene Therapeuten praktizieren familientherapeutische Beratung. Kompetente Familien-, Paar- und Kindertherapeuten finden Sie auf den Internetseiten der Deutschen Gesellschaft für Systemische Therapie und Familientherapie (www.dgsf.org) und der Systemischen Gesellschaft (www.systemische-gesellschaft.de) sowie unter www.ochsund orban.de.

Einige Therapeuten sind dazu berechtigt, die Kosten für eine familientherapeutische Beratung über die gesetzlichen Krankenkassen abzurechnen. Müssen Sie diese Kosten selbst übernehmen, so sind mit maximal 150 Euro monatlich zu rechnen. In der Regel finden familientherapeutische Sitzungen zweimal im Monat statt und dauern etwa zehn Sitzungen lang – so lange, bis Sie Ihr Ziel erreicht haben.

Psychotherapie, keine Reparaturwerkstatt für die Kinder, die Familie oder die eigene Seele ist. Familientherapie kann eine andere Sichtweise oder eine andere Art des Sprechens über Probleme bieten, was häufig die Probleme verändert oder sogar abklingen lässt. Grundsätzlich geht es in einer Familientherapie um folgende Fragen:

- Wie werden die einzelnen Familienmitglieder von dem Problem berührt?
- Auf welche Weise tragen sie (ungewollt) zu diesem Problem bei?
- Wie können sie bewusst zur künftigen Lösung dieses Problems beitragen?

Familientherapie weist Ihnen neue Perspektiven und Wege, und Therapeuten begleiten Sie gern ein Stück des Weges – letztlich müssen Sie diesen Weg jedoch selbst gehen.

Abschluss und Ausblick

In diesem letzten Kapitel wollen wir einen zusammenfassenden Rückblick geben, aber auch den Blick nach vorn richten.

Was ist Familie?

Familie ist mehr als Vater, Mutter, Kind(er). Familie ist eine Form des Zusammenlebens von Menschen, die sich ganz unterschiedlich gestalten kann. So man will, kann man die Anwesenheit von Kindern hinzunehmen. Wir tun dies hier bewusst nicht per se – nicht etwa, weil wir etwas gegen Kinder hätten, sondern weil auch wir als Autoren hier keinen einheitlichen Standpunkt haben. Der eine von uns tendiert eher zu einer enger gefassten Definition und ist der Meinung, dass Familie da ist, wo Kinder sind, also ihre Anwesenheit Voraussetzung sein sollte, damit man überhaupt erst von Familie sprechen kann. Der andere hält diese Definition für zu eng und glaubt, dass diese Auffassung von Familie ihrer historischen wie aktuellen Vielfalt nicht gerecht wird. Da wir beiden Positionen durchaus etwas abgewinnen können, mag das so stehen bleiben.

Es ist aus unserer Sicht sogar einmal mehr Beleg dafür, dass das Artikulieren von unterschiedlichen Sichtweisen in der Regel eben nicht trennend sein muss. Durch die ernsthafte Auseinandersetzung um gegenseitiges Verständnis entstehen auch Nähe und Respekt vor der jeweiligen anderen Position. Es entsteht Verbundenheit.

Sie dürfen dies durchaus auch als Appell verstehen, sich nicht von anderen – auch nicht von Kirchenoberen, Politikern und Familientherapeuten – das Recht auf Ihre eigene Sichtweise auf Familie verbieten zu lassen. Familie ist so individuell, dass niemand hier definitorische Allmacht durchzusetzen hat. Stellen Sie sich gegen solche Ansprüche. Bündeln Sie Ihre Energien, um Ihre eigene familiäre Lebenssituation befriedigend zu gestalten. Das kostet ohnehin schon genug Kraft!

Was kann Familie leisten?

Familie ist keine Reparaturwerkstatt gesellschaftlicher (Fehl-) Entwicklungen. Die Menschen, die Familien bilden und in Familien leben, haben alle Hände voll zu tun, auf die rasanten gesellschaftlichen und wirtschaftlichen Veränderungen – wie zunehmende Mobilitätsforderungen, hohe Arbeitslosigkeit, verstärkende Arm-Reich-Polarisierung (Hartz IV!) und die fortschreitende Privatisierung von Lebensrisiken (z. B. Berufsunfähigkeit, Krankheit, Scheidung, Arbeitslosigkeit) – zu reagieren. Von ihnen nun auch noch zu erwarten, dass sie eine Art familiären Marshallplan entwickeln, um diesen Entwicklungen korrigierend und ausbalancierend entgegenzuwirken, ist jenseits jeder Realität.

Familie – gerade dann, wenn wir darunter Erwachsene in der Betreuung von Kindern verstehen – hat jedoch die Aufgabe, ihren Mitgliedern einen Ort des Verschnaufens und Auftankens und einen Lebensraum zu bieten, der Entwicklung möglich macht. Dies sollte verbunden sein mit realistischen Anforderungen. Es reicht, gut genug zu sein. Das Streben nach Perfektionismus in Beziehungsangelegenheiten ist nicht nötig und tut in der Regel auch nicht gut – im Gegenteil, es ist sogar eher als schädlich zu betrachten. Zeigen Sie also Mut, sich abzugrenzen von Forderungen nach dem Motto: »Die Familie wird es schon richten.«

Bei uns in Deutschland steht es in Sachen Erziehung noch lange nicht zum Besten, was aber aus unserer Warte nur zum geringen Teil von den familiären Haushalten verschuldet ist. Wir selbst haben im Rahmen aufsuchender Familientherapie mit sehr vielen, gerade auch sozial randständigen Familien gearbeitet und waren immer wieder beeindruckt von dem besonderen warmen und tiefen Zusammenhalt, der – trotz oft gravierender Probleme – gerade diese Familien auszeichnete. Der eigentliche »Erziehungsnotstand« spielt sich im politischen und gesellschaftlichen Diskurs darüber ab, was Familien wirklich sind und wirklich benötigen. Auch wenn sich hier in den letzten Jahren etwas zum Positiven verändert hat und einige Parteien gesellschaftliche Realitäten anerkannt haben: Es scheint den politischen Strategen noch immer nicht klar genug zu sein, wohin der gesellschaftliche Wind in Sachen Familie weht: Hin zur weiteren Ausbreitung und Entfaltung vielfältiger Familienformen? Zurück zur bürgerlichen Familie? Oder beides? Oder weder das eine noch das andere? Es wird noch Geduld und viel, viel Diskussion nötig sein, bis auch die Letzten begreifen werden, dass man Menschen dadurch hilft, indem man ihnen Unterstützung anbietet. Und nicht, indem man ihnen Knüppel zwischen die Beine wirft.

Future Families: Ein familienpolitischer Ausblick

Wahrscheinlich wird es auch noch einige Jahre dauern, bis z. B. der Mythos der scheidungsgeschädigten Kinder endlich begraben wird. Zurzeit scheint der Mythos der Idealfamilie noch nötig zu sein, um gesellschaftspolitisch eine bestimmte Vorstellung von der richtigen Familie durchzusetzen. Aus Sicht der Familienforschung ist er jedenfalls längst nicht mehr haltbar – wenn auch gut verstehbar: Denn, so der Familiensoziologe Reinhard Sieder (2007, S. 20),

> je mehr sich Individuen in allen Lebensbereichen der Forderung nach Leistung, Wettbewerb und Konkurrenz und der zunehmenden Versachlichung und Konkurrenzförmigkeit ihrer Arbeitsbeziehun-

gen unterworfen finden, desto drängender wird ihre Hoffnung auf Geborgenheit, Zugehörigkeit und Intimität an einem vermeintlich ganz ihnen gehörenden Ort.

Aus ganz anderer Richtung, nämlich aus der Wirtschaftslehre, war schon Anfang letzten Jahrhunderts zu dem Thema Folgendes zu hören: Rosa Luxemburg wies in ihrer Schrift *Einführung in die Nationalökonomie* darauf hin, dass die »jeweilige Familienform zu allen Zeiten nur das direkte Produkt der zur Zeit herrschenden Wirtschaftsverhältnisse ist/war« (Luxemburg, 1975, S. 617). Sie zitierte weiter den Ökonom Ernst Grosse (S. 618): »Nirgends tritt die Kulturbedeutung der Produktion so einleuchtend hervor als in der Geschichte der Familie. Die seltsamsten Formen der menschlichen Familie erscheinen überraschend verständlich, sobald man sie im Zusammenhange mit den Formen der Produktion betrachtet.«

Auf die heutige Zeit bezogen bedeutet dies: Gesellschaftspolitisch wird zurzeit versucht, dem Motto des wirtschaftlichen Neoliberalismus (»Jeder rette seine eigene Haut und schaffe wenigstens die eigenen Schäfchen ins Trockene«) dadurch seine zersetzende Schärfe zu nehmen, dass das Hohelied auf die Zwei-Eltern-Familie als letzter Bastion der Geborgenheit und Solidarität gesungen wird.

Erforderliche gesellschaftspolitische Maßnahmen

Doch dieser Schwanengesang ist nicht das, was die Familien in diesem Land brauchen. Was sie wirklich brauchen, ist eine reale, greifbare Unterstützung:

1. **Wir brauchen mehr Teilzeitarbeitsmodelle und eine flächendeckende Betreuung auch kleinerer Kinder ab einem halben Jahr.** Die Kosten für diese Betreuung sollten im Übrigen gerecht verteilt sein. Wie eine am 17. März 2008 veröf-

fentlichte Studie der Initiative Neue Soziale Marktwirtschaft zeigt (durchgeführt zusammen mit der Zeitschrift *Eltern*, siehe www.insm-kindergartenmonitor.de), werden die Gebühren für Kindertagesstätten immer noch in den Kommunen nach Kassenlage gemacht. Da gibt es für die Betreuung von zwei Kindern je nach Wohnort leicht Unterschiede von mehren Tausend Euro. Unvorstellbar. Eigentlich.

Es macht natürlich Sinn, gerade auch bei diesem Thema verschiedene Blickwinkel einzunehmen. Wir sollten nicht blind Modellen aus anderen Ländern hinterherjagen noch die umfassende Kinderbetreuung zu DDR-Zeiten mystifizieren und verklären. Vielmehr sollten wir in unserer Gesellschaft die Chance nutzen, eigene, neue Wege zu gehen. Wir sollten versuchen, ein Modell zu installieren, das Kinder und ihre Familien einerseits aus der Isolierung befreit und andererseits legitime Optionen verschiedener Lebensführungen von Menschen in Familien eröffnet sowie Kindern und ihren Familien neue Entwicklungsräume bietet. All das darf und muss dazu führen, dass familiäre Intimität und familiärer Rückzug weiterhin und stärker als bisher möglich bleibt bzw. wird: Es muss Zeit bleiben aufzutanken, sich in der Familie fallen zu lassen, voneinander etwas mitzubekommen und miteinander zu leben (all dies ist übrigens in den unterschiedlichsten Familienformen möglich!).

Unser Anspruch sollte immer noch sein, in zehn Jahren anderen Ländern als Vorbild zu dienen. Die Journalistin Petra Kohse formulierte dies in ihrem Artikel in der *Frankfurter Rundschau* vom 14. April 2004 folgendermaßen:

Eine Familienpolitik, die die bestehenden Verhältnisse im regierungsamtlich propagierten Sinne umgestalten will, müsste vielmehr ganz deutlich machen, dass diese Gesellschaft ein Interesse daran hat, Kinder öffentlich zu betreuen und zu erziehen. Sie müsste gesetzlich verankern, dass jedes einzelne Kind vom Augenblick seiner Geburt an ein Anrecht auf einen ganztägigen Platz in der Krippe, im Kindergarten oder im Hort hat. Und sie müsste diese Einrichtungen so attraktiv machen, dass es auch anspruchsvolle Eltern mit sich vereinbaren können, das Kind dort unterzubringen. Rigoros wäre vorschulische Kinderbetreuung vom Stand der selektiven Gnade in eine Dienstleistung umzuwandeln, die jedem zusteht und die sich jeder leisten kann.

2. **Wir benötigen besser ausgebildete und verdienende Erzieher und Pädagogen.** Wir müssen erkennen, dass mit dem Wandel der Familien sich nicht nur die materiellen und zeitlichen Angebote verändern müssen, wir müssen auch – im Sinne umfassender Kundenorientierung – die inhaltlichen Angebote verbessern. Wir benötigen in den Kindergärten Personal, das in der Lage ist, der ja heute schon bestehenden Herausforderung der »Zusammenarbeit mit Eltern« (auch mit »schwierigen« Eltern) gerecht zu werden. Wir benötigen eine inhaltlich wie vom Status her verbesserte Ausbildung in diesem Beruf. Aus Jugendhilfeuntersuchungen wissen wir, dass eine gelingende Kooperation mit den Eltern einer der zentralen Faktoren für den Erfolg bei der Unterstützung von Kindern und Jugendlichen ist. Dies gilt auch bereits für frühe Hilfen wie den Kindergarten.

Es sollte eine Fachhochschulqualifikation nötig sein, um die Aufgaben, die in diesem Bereich zunehmend anfallen, erfüllen zu können. Dies würde nicht nur dazu führen, dass wir für die zukünftigen Aufgaben gut ausgebildetes Personal in den Kindergärten hätten. Es würde auch den gesellschaftlichen Status dieser Berufsgruppe heben und deutlich machen, welch wichtige Aufgabe in diesem Elementarbereich geleistet wird und geleistet werden muss. Zugleich würde damit – zusammen mit dem erheblich verbesserten Verdienst – womöglich auch ein Anreiz gegeben, dass mehr Männer dieser Berufe ergreifen würden.

3. **Wir brauchen ein familienfreundliches Steuerrecht.** Menschen, die es sich zur Aufgabe gemacht haben, den Nachwuchs

dieses Landes in die Welt zu setzen, müssen besser gestellt werden als solche, die dies nicht tun – aus welchen individuellen Gründen auch immer.

4. **Wir brauchen vor allem eine kinderfreundlichere Gesellschaft.** Eine Gesellschaft, die wirklich bereit wäre, sichtbar in die nächste Generation zu investieren. Nochmals die Visionen hierzu von Petra Kohse:

> In öffentlichen Gebäuden und Nahverkehrsmitteln gäbe es niedrige Geländer, Sitze und Haltegriffe ebenso wie Beschäftigungsangebote für Kinder. Die Deutsche Bahn würde in jedem Großraumabteil zwei bis drei Sitzreihen ausbauen, damit Kleine sich zwischen den Mitfahrenden auf dem Boden bewegen können. Was keinesfalls mehr stören würde als die Telefonate und die Kopfhörermusik der Erwachsenen. Im Gegenteil hätten gerade ältere Leute Spaß daran, womöglich auch mal vorzulesen, und wenn es zu laut wird, bräuchte niemand aggressiv die Eltern anzuschauen, sondern würde die Kinder einfach selbst um Ruhe bitten … Man bräuchte etwa: Teilüberdachte Spielplätze mit Tischen zum Essen oder Arbeiten wie in Dänemark. Spielecken in Restaurants. Vorrang für Eltern mit Kind bei Behörden (und wenn sich der erste Nachbar eines ausleiht, um schneller dran zu kommen, ist die Volksumerziehung schon fast gelungen). Ermäßigung für Kinder habende Erwachsene in Schwimmbädern. Staatliche Subventionierung von Babybedarf. Und – jetzt wird's ernst – Bevorzugung von Kinder habenden Bewerbern bei gleicher Qualifikation im Beruf.

Um all das zu ändern, müssen vorhandene Strukturen mit Mut umgebaut werden – und es muss Geld, viel Geld investiert werden. Die Abschaffung des Ortszuschlags (der kinderreicheren Arbeitnehmern gerade zugute kam) im öffentlichen Dienst innerhalb des neuen Tarifsystems ist unter solchen Gesichtspunkten geradezu eine Katastrophe.

Wie wichtig ist Wandel?

Wandel ist normal. Damit ist eigentlich schon alles gesagt. So wie sich jeder einzelne Mensch im Laufe seines Lebens verändert und entwickelt, so verändern und entwickeln sich auch die Formen, die Familien annehmen. Unsere Gesellschaft scheint zu glauben, eine einmal geäußerte Meinung müsse für immer Bestand haben. Sicher sind Zuverlässigkeit und Verbindlichkeit erforderlich, doch zugleich ist es ein Zeichen von Dummheit und Ignoranz, seine Meinung über die Dinge nicht ändern zu wollen, wenn sich die Dinge faktisch ändern. So sollten wir es auch mit der Familie halten: Es ist ein Zeichen von Klugheit, auf veränderte gesellschaftliche und wirtschaftliche Ansprüche und, damit verbunden, veränderte Träume, Wünsche und Bedürfnisse mit veränderten Formen des familiären Zusammenlebens zu reagieren. Das ist weder per se bedrohlich noch sonstwie negativ. Es führt »nur« – und darum sollte sich die Gesellschaft kümmern – zu Verunsicherung. Was man nicht kennt, muss man eben ausprobieren. Lernen kann man am besten durch Fehler.

Lassen Sie sich nicht von Politikern und vermeintlichen Experten in Talkshows verunsichern. Übernehmen Sie für das, was Sie tun, die Verantwortung und fordern Sie da, wo Sie diese benötigen, Unterstützung ein.

Worauf kommt es wirklich an?

Lassen Sie uns an dieser Stelle einige persönliche Ratschläge anfügen:

1. **Haben Sie den Mut, Krisen durchzustehen.** Es gibt keine Beziehung ohne Krise, und in jeder Krise steckt eine Chance auf Wachstum. Nicht immer ist das zu erkennen, aber potenziell sind Chancen vorhanden. Denken Sie um, nehmen Sie einen andere Blickwinkel ein und nutzen Sie sie.

2. **Haben Sie den Mut, eigene Wege zu gehen, auch wenn das auch einmal heißt, aus schwierigen Umständen auszubre-**

chen. Bleiben Sie dabei aber zugleich immer offen für die Bedürfnisse anderer. Das Treffen eigener Entscheidungen auf der Grundlage eigener Bedürfnisse, Wünsche und Träume befreit nun einmal niemanden von der Verantwortung auch für andere Menschen. Vertrauen Sie also nicht nur auf Ihren Bauch, tun Sie nicht nur das, was einzig für Sie gut ist, sondern beziehen Sie auch die Perspektiven anderer mit ein. Man kann sich z. B. trennen und dennoch keine verbrannte Erde und zerstörte Brücken zurücklassen, sondern dafür zu sorgen versuchen, dass allen Beteiligten gute und vernünftige Zukunfts- und Entwicklungschancen bleiben.

3. **Bleiben Sie beweglich, offen und neugierig für sich und andere.** Das Leben in Familien ist ein Balanceakt: schön und spannend und viel zu abwechslungsreich und Veränderungen unterworfen, als dass es Sinn machen würde, jeden Tag dasselbe zu tun und zu denken.

4. **Versuchen Sie, ehrliche und aufrichtige Beziehungen zu leben.** Auch wenn der Preis dafür manchmal hoch erscheint – unterm Strich zahlt man (oft) einen höheren Preis, wenn man dies nicht tut. Die gute, alte bürgerliche Doppelmoral, die in manchen Feuilletons in letzter Zeit wieder ernsthaft im Sinne der geborgenheits- und sicherheitsspendenden Idealfamilie diskutiert und bagatellisiert wird, ist jedenfalls ein reaktionäres Relikt aus vergangenen Tagen, das schon lange nicht mehr zeitgemäß ist.

Zum guten Schluss: Seien Sie stolz auf die Besonderheit und Individualität Ihrer Familie. Haben Sie den Mut, zu ihr zu stehen. Und zwar unabhängig von der Familienform!

Literatur

Amato, P. R. (1999): The postdivorce family. Children, parenting and society. Thousand Oaks (Sage).

Amato, P. R. (2000): The consequences of divorce for adults and children. *Journal of Marriage and the Family* 62: 1269–1287.

Amato, P. R. (2007). A comparison of high- and low-distress marriages that end in divorce. *Journal of Marriage and the Family* 69: 621–638.

Amendt, G. (2004). Scheidungsväter. Bremen (Institut für Geschlechter- und Generationsforschung).

Beach, S. R. H. u. K. D. O'Leary (1993): Marital discord and dysphoria: For whom does the marital relationship predict depressive symptomatology. *Journal of Social and Personal Relationships* 10: 405–420.

Beavers, W. R. u. R. B. Hampson (1993): Measuring family competence: The Beavers Systems Model. In: F. Walsh (Hrsg): Normal family processes. New York (Guilford), 73–103.

Bischkopf, J., Wittmund, B. u. M. C. Angermeyer (2002): Alltag mit der Depression des Partners. *Psychotherapeut* 47: 11–15.

Blesken, K. W. (1998): Der unerwünschte Vater. Zur Psychodynamik der Beziehungsgestaltung nach der Trennung und Scheidung. *Praxis der Kinderpsychologie und Kinderpsychiatrie* 47: 344–354.

Bodenmann, G. (2002): Beziehungskrisen erkennen, verstehen und bewältigen. Bern (Huber).

Bowlby, J. (2001): Frühe Bindung und kindliche Entwicklung. München (Reinhardt).

Bryan, P. E. (2005): Constructive divorce. Procedural justice and sociolegal reform. New York (APA).

Coller, D. (1988): Joint custody. Research, theory and policy. *Family Process* 27: 459–469.

Coontz, S. (2000): The way we never were. American families and the nostalgia trap. New York (Basic Books).

Davila, J. u. T. N. Bradbury (1998): Psychopathology and the marital dyad. In: L. L'Abate (Hrsg): Family psychopathology. The relational roots of dysfunctional behavior. New York (Guilford).

Davila, J., Bradbury, T. N., Cohan, C. L. u. S. Tochluk (1997): Marital functioning and depressive symptoms. Evidence for a stress generation model. *Journal of Personality and Social Psychology* 73: 849–861.

Deal, J. E., Smith-Wampler, K. u. C. Halverson (1992): The importance of similarity in the marital relationship. *Family Process* 31: 369–382.

Decurtins, L., Niklowitz, M. u. P. C. Meyer (1997): Lebensformen nach dem Bruch. Auswirkungen der Lebensform geschiedener Väter auf soziale Beziehungen und Gesundheit im Vergleich zu verheirateten Vätern. *System Familie* 10: 166–173.

Diekmann, A. u. H. Engelhardt (1995): Die soziale Vererbung des Scheidungsrisikos. *Zeitschrift für Soziologie* 24: 215–228.

Dixon, C., Charles, M. A. u. A. A. Craddock (1998): The impact of experiences of
parental divorce and parental conflict on young Australian adult men and
women. *Journal of Family Studies* 4: 21–34.

Duncan, F. S. (1999): Families facing divorce. Montana State University. Verfügbar unter: www.montana.edu/wwwpb/pubs/mt9514.html (Zugriff: Januar
2002).

Duncan, G. J. u. S. D. Hoffman (1985): Economic consequences of marital un-
stability. In: M. David u. T. Smeeding (Hrsg): Horizontal equity, uncertainty
and well being. Chicago (University of Chicago), 326–341.

Fabricius, W. V. (2003). Listening to children of divorce. New findings that di-
verge from Wallerstein, Lewis, and Blakeslee. *Family Relations* 52: 385–396.

Finley; G. E. u. S. J. Schwartz (2007). Father involvement and long-term young
adult outcomes. The differential contributions of divorce and gender. *Family
Court Review* 45: 573–587.

Foerster, H. v., Glasersfeld, E. v. u. P. M. Hejl (2000): Einführung in den Konstruktivismus. München (Piper).

Folberg, J. (1991): Joint custody and shared parenting. New York (Guilford).

Franz, M., Lieberz, K. u. H. Schepank (Hrsg) (2000): Seelische Gesundheit und
neurotisches Elend. Der Langzeitverlauf in der Bevölkerung. Wien, New
York (Springer).

Fthenakis, W. E. (1988): Väter. Zur Vater-Kind-Beziehung in verschiedenen Familienstrukturen. München (dtv).

Furedi, F. (2002): Die Elternparanoia. Frankfurt am Main (Eichborn).

Gadamer, H.-G. (2000): Über die Verborgenheit der Gesundheit. Aufsätze und
Vorträge. Frankfurt am Main (Suhrkamp).

Furman, B. (1999): Es ist nie zu spät, eine glückliche Kindheit zu haben. Dort-
mund (Borgmann).

Gaschke, S. (2001): Die Erziehungskatastrophe. München (dtv).

Gerster, P. u. C. Nürnberger (2001): Der Erziehungsnotstand. Wie wir die Zukunft unserer Kinder retten. Berlin (Rowohlt).

Goldbrunner, H. (1996): Trauer und Beziehung. Mainz (Grünewald).

Gotlib, I. C. H. u. V. E. Whiffen (1989): Depression and marital functioning. An
examination of specifity and gender differences. *Journal of Abnormal Psychology* 98: 23–30.

Gottman, J. M. (1994): What Predicts Divorce? Hillsdale, NJ (Erlbaum).

Gräbe, S. u. K. Lüscher (1984): Soziale Beziehungen alleinerziehender und ver-
heirateter Mütter. *Zentralblatt für Jugendrecht* 70: 492–499.

Greitemeyer, D. (1998): Die Trennungsfamilie. Trennung als Neubeginn. München (Kösel).

Gutschmidt, G. (1993): Kinder in Einelternfamilien. Positive Aspekte einer Lebensform. In: K. Menne, H. Schilling u. M. Weber (Hrsg): Kinder im Schei-
dungskonflikt. Weinheim (Juventa), 299–305.

Hallman, M., Dienhart, A. u. J. Beaton (2007). A qualitative analysis of fathers' experiences of parental time after separation and divorce. *Fathering* 5: 4–24.

Häfner, S., Franz, M., Lieberz, K. u. H. Schepank (2001): Psychosoziale Risiko- und Schutzfaktoren. Stand der Forschung. Teil 2: Psychosoziale Schutzfaktoren. *Psychotherapeut* 46: 403–408.

Heiliger, A. (1991): Alleinerziehen als Befreiung. Mutter-Kind-Familien als positive Lebensform und als gesellschaftliche Chance. Pfaffenweiler (Centaurus).

Hetherington, E. M. (1993): An overview of the Virginia Longitudinal Study of Divorce and Remarriage with a focus on the early adolescent. *Journal of Family Psychology* 7: 39–56.

Hetherington, E. M., Law, T. u. T. O'Conner (1993): Divorce. Challenges, changes, and new chances. In: F. Walsh (Hrsg): Normal Family Processes. New York (Guilford).

Hetherington, E. M. u. M. M. Stanley-Hagan (1997): The effects of divorce on fathers and their children. In: M. E. Lamb (Hrsg): The role of the father in child development. New York (John Wiley & Sons), 191–211.

Hetherington, E. M. u. J. Kelly (2002): For better or for worse: Divorce reconsidered. New York (W. W. Norton & Company).

Hofmann-Hausner, N. u. R. Bastine (1995): Psychische Scheidungsfolgen für Kinder. Die Einflüsse von elterlicher Scheidung, interparentalem Konflikt und Nach-Scheidungssituation. *Zeitschrift für Klinische Psychologie* 24: 285–299.

Hollstein, W. (2004). Geschlechterdemokratie. Männer und Frauen. Besser miteinander leben. Wiesbaden (Verlag für Sozialwissenschaften).

Hradil, S. (1995): Die Single-Gesellschaft. München (C. H. Beck).

Hurrelmann, K. (1997): Die meisten Kinder sind heute »kleine Erwachsene«. *Neue Zürcher Zeitung* 25./26. Januar, 39.

Imber-Black, E., Roberts, J. u. R. A. Whiting (2001): Rituale. Rituale in Familien und Familientherapie. Heidelberg (Carl-Auer-Systeme).

Institut für Marxismus-Leninismus beim ZK der SED (Hrsg.) (1975): Rosa Luxemburg. Gesammelte Werke. Band 5. Einführung in die Nationalökonomie. Ost-Berlin (Dietz). (Der Text erschien im Original bereits 1909 in Broschürenform.)

Jäckel, K. (2000): Der gebrauchte Mann. München (dtv).

Johnston, J. R., Kline, M. u. J. M. Tschann (1989): Ongoing postdivorce conflict. Effects on children of joint custody and frequent access. *American Journal of Orthopsychiatry* 59: 576–592.

Josselson, R., Lieblich, A. u. P. D. McAdams (2007). The Meaning of Others. Narrative Studies of Relationships. New York (APA).

Kaufmann, F. X., Kuijsten, A., Schulze, H. J. u. K. P. Strohmeier (Hrsg.) (1998): Family life and family policies in Europe. Volume I. Structures and trends in the 1980s. Oxford (Clarendon).

Kelley, P. (1993): Developing healthy step families. 20 families telling their stories. New York (Haworth).

Kelly, J. B. u. R. E. Emery (2003). Children's adjustment following divorce. Risk and resilience perspectives. *Family Relations* 52: 352–362.

Kriminologisches Forschungsinstitut Niedersachsen (1999): Innerfamiliäre Gewalt. Verfügbar unter: www.kfn.de (Zugriff: Februar 2002).

Kriz, J. (1997): Chaos, Angst und Ordnung. Göttingen (Vandenhoeck & Ruprecht).

Kriz, J. (2001): Grundkonzepte der Psychotherapie. Weinheim (Beltz).

Küpper, B. (2002): Sind Singles anders? Ein Vergleich von Singles und Paaren. Göttingen (Hogrefe).

Laumann, E. O., Gagnon, J. H., Michael, R. u. S. Michaels (1994): The social organisation of sexuality. Sexual practices in the United States. Chicago (University of Chicago).

Lazarus, A. (2000): Fallstricke der Liebe. Vierundzwanzig Irrtümer über das Leben zu zweit. München (dtv).

Lehmkühl, G. (2001): Kinderärzte als Lotsen. Fünfzig Prozent der Patienten sind psychisch auffällig. *Presse-Information* 120/2001 (18. September). Köln (Universität Köln, Presse- und Informationsstelle).

Lempp, R. (1986): Familie im Umbruch. München (Kösel).

Lüke, S. (2004): 2003 wuchs jedes fünfte Kind in einer Ein-Eltern-Familie auf. Lebensbewältigung mit guten sozialen und formellen Netzwerken. *Das Parlament* 33–34 (09.08.2004).

Maejima, K. u. T. Oguchi. (2001): The effect of marital discord on children's self-esteem, emotionality, and aggression. *Japanese Journal of Family Psychology* 15: 45–56.

Marquardt, E. (2007): Kind sein zwischen zwei Welten. Was im Inneren von Kindern geschiedener Eltern vorgeht. Paderborn (Junfermann).

Marshner, C. (1985): Why the family matters. From a business perspective. Currents in family policy. Washington DC (The Free Congress Foundation).

Mitcham-Smith, M. u. W. J. Henry (2007): High-conflict divorce solutions. Parenting coordination as an innovative co-parenting intervention. *The Family Journal* 15: 368–373.

Mitterauer, M. u. R. Sieder (1991): Vom Patriarchat zur Partnerschaft. Zum Strukturwandel der Familie. München (Beck).

Murphy, C. M. u. T. J. O'Farrell. (1994): Factors associated with marital aggression in male alcoholics. *Journal of Family Psychology* 8: 321–335.

Nave-Herz, R. (1994): Familie heute. Wandel der Familienstrukturen und Folgen für die Erziehung. Darmstadt (Wissenschaftliche Buchgesellschaft).

Notz, G. (1991): Du bist als Frau um einiges mehr gebunden als der Mann. Die Auswirkung der Geburt des ersten Kindes auf die Lebens- und Arbeitsplanung von Müttern und Vätern. Bonn (Dietz).

O'Neil, S. H. (2001): The effects of abortion on psychological distress and intimate relationships in a community sample. Dissertation Abstracts International. Section B. *The Sciences and Egenineering* 61: 4999.

Ochs, M. (2005): Kinder in sehr schwierigen Lebenslagen. Resilienzforschung ermutigt. *Systhema* 2005 (1), 83–85.

Ochs, M. u. J. Schweitzer (2005): Systemische Familientherapie bei kindlichen Kopfschmerzen. *Psychotherapie im Dialog* (6/1), 19–26.

Ochs, M. u. R. Orban (2005): Idealfamilie? Realfamilie! Die vielfältigen Formen des Zusammenlebens. In: A. Seybold-Krüger (Hrsg.): Denkanstöße für Eltern. München (Piper), 109–121.

Ochs, M. R. Orban (2007). Beruf und Familie. Work-Life-Balancing für Männer. Weinheim (Beltz).

Perkonig, S. (1990): Familie. Geschichte – Gesellschaft – religiöse Bedeutung. Beilage *Dialog Spezial*. *Dialog* (6/3): 1–10.

Petzold, M. (2001): Familien heute. Sieben Typen familialen Zusammenlebens. *Television 14* (Zeitschrift des Internationalen Zentralinstituts für das Jugend- und Bildungsfernsehen).

Peuckert, R. (1999): Familienformen im sozialen Wandel. Stuttgart (UTB).

Pfeiffer, C. Wetzels u. D. Enzmann (1999). Innerfamiliäre Gewalt gegen Kinder und Jugendliche und ihre Auswirklungen. *Forschungsberichte* (80).

Rauchfleisch, U. (1997): Alternative Familienformen. Eineltern, gleichgeschlechtliche Paare, Hausmänner. Göttingen (Vandenhoeck & Ruprecht).

Rosenbaum, H. (1993): Formen der Familie. Frankfurt am Main (Suhrkamp).

Rosenkranz, D., Rost, H. (1998): Welche Partnerschaften scheitern? Prädiktoren der Instabilität von Ehen. *Zeitschrift für Familienforschung* 10: 47–69.

Rothberg, B. (1983): Joint custody. Parental problems and satisfactions. *Family Process* 22: 43–52.

Sander, E. (1993): Kinder alleinerziehender Eltern. In: M. Markefka u. B. Nauck (Hrsg): Handbuch der Kindheitsforschung. Neuwied (Luchterhand), 419–427.

Schlippe, A. von u. J. Schweitzer (1996): Lehrbuch der systemischen Therapie und Beratung. Göttingen (Vandenhoeck & Ruprecht).

Schlippe, A. von (2001): Talking about asthma. The semantic environments of physical disease. *Families, Systems and Health* (19/3): 251–262.

Schlippe, A. von, Lösche, G. u. C. Hawellek (Hrsg) (2001): Frühkindliche Lebenswelten und Erziehungsberatung. Die Chancen des Anfangs. Münster (Votum).

Schmidt-Denter, U. u. W. Beelmann (1995): Familiäre Beziehungen nach Trennung und Scheidung. Veränderungsprozesse bei Müttern, Vätern und Kindern. Forschungsbericht. Köln (Psychologisches Institut der Universität Köln).

Schneewind, K. (1999): Familienpsychologie. Stuttgart (Kohlhammer).

Schneider, N. F., Rosenkranz, D. u. R. Limmer (1998): Nichtkonventionelle Lebensformen. Entstehung, Entwicklung. Konsequenzen., Opladen (Leske & Budrich).

Schumacher; J. A. u. K. E. Leonard (2005). Husbands' and wives' marital adjustment, verbal aggression, and physical aggression as longitudinal predictors of physical aggression in early marriage. Journal of Consulting and Clinical Psychology 73: 28–37.

Schwarzer, A. (2000): Der große Unterschied. Gegen die Spaltung von Menschen in Männer und Frauen. Köln (Kiepenheuer & Witsch).

Schweitzer, J. (2001): »Ungleiche Partner«. Wann lohnt sich die Zusammenarbeit von Jugendhilfe und Familie? In: P. Becker u. J. Schirp (Hrsg.): Jugendhilfe und Schule. Zwei Handlungsrationalitäten auf dem Weg zu einer? Münster (Votum), 86–99.

Schweitzer, J., Schlippe, A. u. M. Ochs (2007): Theorie und Praxis der systemischen Psychotherapie. In: B. Strauß, F. Caspar u. F. Hohagen (Hrsg.) Lehrbuch der Psychotherapie, Göttingen (Hogrefe), 261–286.

Schweitzer, J. u. M. Ochs (2008): Das Auffinden bisher nicht gesehener Beziehungsmöglichkeiten. Systemisch-konstruktivistische Diagnostik. In: M. Cierpka (Hrsg): Handbuch der Familiendiagnostik. Heidelberg (Springer).

Segalen, M. (1990): Die Familie. Frankfurt am Main (Campus).

Seiffge-Krenke, I. (2002): Neuere Ergebnisse der Vaterforschung. Sind Väter notwendig, überflüssig oder sogar schädlich für die Entwicklung von Kindern? Psychotherapeut 46: 391–397.

Sieder, R. (1987): Sozialgeschichte der Familie. Frankfurt am Main (Suhrkamp).

Sieder, R. (2007). Patchworks. Das Familienleben getrennter Eltern und ihrer Kinder. Stuttgart (Klett-Cotta).

Spangler, G. u. P. Zimmermann (1995): Die Bindungstheorie. Grundlagen, Forschung und Anwendung. Stuttgart (Klett-Cotta).

Stern, D. N. (1999): Tagebuch eines Babys. Was ein Kind sieht, spürt, fühlt und denkt. München (Piper).

Suess, G. J., Scheuerer-Englisch, H. u. W. K. P. Pfeifer (2001): Bindungstheorie und Familiendynamik. Anwendung der Bindungstheorie in Beratung und Therapie. Gießen (Psychosozial-Verlag).

Titze, M. u. C. T. Eschenröder (2000): Therapeutischer Humor. Grundlagen und Anwendungen. Frankfurt am Main (Fischer).

Trebo, A. (2000): Väter in unterschiedlichen Familienstrukturen. In: H. Werneck u. S. Werneck-Rohrer (Hrsg): Psychologie der Familie. Theorien, Konzepte, Anwendungen. Wien (Universitätsverlag).

Visher, E. B. u. J. S. Visher (1996): Therapy with stepfamilies. New York (Brunner/Mazel).

Wallerstein, J. S. u. S. Blakeslee (1996): Second chances. Men, women, and children a decade after divorce, Boston (Houghton Mifflin Company).

Wallerstein, J. S. u. J. B. Kelly (1980): Surviving the breakup. New York (Basic Books).

Walsh F. u. M. McGoldrick (Hrsg.) (1991): Living beyond loss. New York (Norton).

Walsh, F. (Hrsg.) (1993): Normal family processes. New York (Guilford).

Walsh, F. (1997): Strengthening family resilience. New York (Guilford).

Walsh, F. (Hrsg.) (1999): Spiritual resources in family therapy. New York (Guilford).

Walsh, F. (2003) Changing families in a changing world. Reconstructing family normality. In: F. Walsh (Ed.): Normal family processes. Growing diversity and complexity. New York (Guilford).

Wardle, L. D. (2002): Nonmarital cohabitation: A return to concubinage? Verfügbar unter: www.mfforum.com/Articles/nonmarital_cohabitation.htm (Zugriff: April 2002).

Warneck, H. (1998): Übergang zur Vaterschaft. Auf der Suche nach den »Neuen Vätern«. Wien (Springer).

Werneck, H. u. S. Werneck-Rohrer (Hrsg) (2000): Psychologie der Familie. Theorien, Konzepte, Anwendungen. Wien (Universitätsverlag).

Werner, E. E. (1996): Vulnerable but invincible. High risk children from birth to adulthood. *European Child and Adolescent Psychiatry* 5, 47–51.

White, S. G. u. C. Hatcher (1984): Couple complementarity and similarity. A review of the literature. *The American Journal of Family Therapy* 12: 15–25.

Wischmann, T. u. H. Stammer (2001): Der Traum vom eigenen Kind. Psychologische Hilfen bei unerfülltem Kinderwunsch. Stuttgart (Kohlhammer).

Wolin, S., Desetta, A. u. K. Hefner (2000): The struggle to be strong. Minneapolis (Free Spirit).

Wolin, S. u. S. J. Wolin (1993): The resilient self. How survivors of troubled families rise above adversity. New York (Villard Books).

Wood, B., Watkins, J. B., Boyle, J. T., Nogueira, J. et al. (1989): The »psychosomatic family« model. An empirical and theoretical analysis. *Family Process* 28: 399–417.

Über die Autoren

Matthias Ochs, Dr. sc. hum., ist Diplom-Psychologe, Psychologischer Psychotherapeut und Systemischer Familientherapeut. Er ist seit vielen Jahren im klinischen und beraterischen Kontext mit dem Schwerpunkt auf Therapie und Diagnostik von Kindern- und Jugendlichen sowie Eltern- und Familienberatung tätig. Darüber hinaus verfügt er über langjährige Erfahrung in der Paar- und Familientherapie. Von 2000 bis 2004 war er Mitglied im wissenschaftlichen Beirat der Fachzeitschrift »Psychotherapie im Dialog« und hat neben zahlreichen Fachartikeln zwei Familienratgeber geschrieben. Er ist wissenschaftlicher Mitarbeiter der Landespsychotherapeutenkammer Hessen sowie der Universitätsklinik Heidelberg.
www.ochsundorban.de

Rainer Orban ist Diplom-Psychologe und systemischer Familientherapeut. Er leitet seit 1999 eine Jugendhilfeeinrichtung in Sulingen bei Bremen. Seine Arbeitsschwerpunkte liegen im Bereich der Jugendhilfe, dabei systemische Therapie und Beratung von Kindern, Jugendlichen und Familien im Kontext ambulanter, teilstationärer und stationärer Hilfen. Besondere Aufmerksamkeit legt er zudem auf die Förderung des systemischen Denkens und Handelns im Bereich frühe Hilfen, Frühförderung und Kindergarten sowie auf die Verbindung von Beruf und Familienleben.
www.ochsundorban.de

Ochs & Orban
Institut für systemisches
Arbeiten und Forschen

Im Rahmen unseres Instituts bieten wir

- **für den psychosozialen und medizinischen Bereich:**

  – Fortbildungen im systemischen Arbeiten,
     Seminare, Supervision, Workshops, Vorträge
        maßgeschneidert auf Basis bestehender Curricula
        In-House-Fortbildungen und auch in unserem Institut

- **für den betrieblichen und institutionellen Bereich:**

  – Work-Life-Balance für Männer
     Seminare, Coaching, Workshops, Vorträge

Auf unserer Homepage finden Sie detaillierte Informationen.
Für weitere Auskünfte nehmen Sie bitte Kontakt mit uns auf:
www.ochsundorban.de

Ochs und Orban • Kornstraße 9 • 27232 Sulingen

Rainer Orban: 0 42 71–78 92 94   Dr. Matthias Ochs: 0 62 21–56 81 38

info@ochsundorban.de • **www.ochsundorban.de**

Christel Rech-Simon | Fritz B. Simon

Survival-Tipps für Adoptiveltern

214 Seiten, Kt, 2008
ISBN 978-3-89670-654-6

In Deutschland werden jährlich ungefähr 5000 Kinder adoptiert. Die Mehrheit der Adoptivfamilien entwickelt sich wie andere Familien auch – mit kleineren oder größeren Problemen, wie sie zum Leben gehören. Ein Teil der Adoptiveltern aber findet sich zusammen mit ihren Kindern in einem Drama wieder, auf das sie nicht vorbereitet waren. Diesen Familien „am Rand des Nervenzusammenbruchs" bieten Christel Rech-Simon und Fritz B. Simon lebensnahe Hilfestellung an.

Die Autoren blicken aus zwei Richtungen auf das Thema: als Adoptiveltern und als erfahrene Psychotherapeuten. Ihre „Survival-Tipps" sind keine einfachen Patentrezepte. Sie benennen zuallererst die „Tänze", zu denen sich Eltern von ihren Kindern nicht „einladen" lassen sollten. Das erfordert in erster Linie eher, das Falsche zu unterlassen als das Richtige zu tun.

Viele authentische Fallbeispiele ergänzen die wissenschaftlichen Erkenntnisse und konkreten Tipps. Das Buch macht deutlich, dass Mütter und Väter auch scheinbar ausweglosen Krisensituationen nicht hilflos ausgeliefert sind.

„Ein absolut gelungenes Werk. Wir als Eltern eines leiblichen und zweier Adoptivkinder fühlten uns beim Lesen so richtig verstanden!"

Monika und Manfred Uhl

www.carl-auer.de

Eia Asen

So gelingt Familie

Hilfen für den alltäglichen Wahnsinn

196 Seiten, Kt, 2008
ISBN 978-3-89670-606-5

Geliebt oder gemieden – Familie spielt im Leben aller Menschen eine zentrale Rolle. Mit ihr zu leben ist selten einfach, ohne sie erst recht.

Der Familientherapeut Eia Asen gibt in diesem Ratgeber erprobte Tipps für alle Phasen des Familienlebens: von der ersten Verliebtheit über den Wandel vom Paar zur Familie bis hin zum Meistern von Krisen in der Lebensmitte und den Problemen des Alters. Anhand typischer Familienszenarien zeigt er Möglichkeiten auf, wie man Probleme frühzeitig erkennen kann, und bietet Übungen an, die Familien helfen, aus eigener Kraft Lösungen zu finden. Aus seiner jahrzehntelangen Erfahrung als Familientherapeut erklärt der Autor auch, wann es nötig ist, Unterstützung bei Fachleuten zu suchen.

Das Buch verbindet einfühlsamen, ermutigenden Rat mit gesundem Humor und ist jedem zu empfehlen, der seine Familie besser verstehen und das Leben mit ihr genießen will.

www.carl-auer.de

Alfons Vansteenwegen

Bevor die Liebe Alltag wird

Anregungen für eine gelungene Partnerschaft

177 Seiten, Kt, 2007
ISBN 978-3-89670-520-4

Am Anfang einer Liebesbeziehung schwebt man auf Wolken. Aber der Alltag bringt uns schnell auf den Boden zurück. Übersteigerte Erwartungen an den Partner, ungelöste Konflikte und unerfüllte Wünsche setzen auf Dauer auch der stärksten Partnerschaft zu.

Wie man im Beziehungsalltag offen, fair, einfühlsam und authentisch bleibt, vermittelt Alfons Vansteenwegen in diesem Buch. Der erfahrene Paartherapeut bietet seinen Leserinnen und Lesern an, ihre Beziehungsmythen und romantischen Vorstellungen zu hinterfragen und Probleme als Teil der Beziehung zu begreifen. Jeder bewältigte Konflikt stärkt und vertieft die Partnerschaft und die Liebe.

Anhand zahlreicher Beispiele aus seinem Praxisalltag beschreibt Vansteenwegen anschaulich, in welchen Beziehungsphasen welche Probleme auftreten können: von der ersten gemeinsamen Zeit bis zum Zusammenleben im Alter. Konkrete Vorschläge, wie gemeinsame Lösungen gefunden werden können, fehlen ebenso wenig wie Empfehlungen, wann es Zeit wird, Hilfe bei Fachleuten zu suchen.

„Das Buch ist sehr konkret und wird jedem, der in einer Beziehung lebt, wichtige Anregungen für die Gestaltung des Zusammenlebens geben."

Prof. Dr. med. Jürg Willi
Ehe- und Familientherapeut

 www.carl-auer.de

Maureen Luyens | Alfons Vansteenwegen
Trotz aller Liebe
Wie überstehen wir den Seitensprung?

170 Seiten, Kt, 2006
ISBN 978-3-89670-524-2

Trotz aller Liebe: Glaubt man der Statistik, ist kaum eine Paarbeziehung gegen Seitensprünge gefeit. Oft bedeutet eine Außenbeziehung das Ende der Partnerschaft. Aber ist das der zwangsläufige Weg?

Maureen Luyens und Alfons Vansteenwegen, zwei international bekannte Paar- und Sexualtherapeuten, zeigen, wie Paare eine Affäre überstehen können, wenn beide Partner es wirklich wollen. Die Autoren haben bei ihrer Arbeit mit betroffenen Paaren entdeckt, dass es für Affären einen typischen Verlauf mit sieben Phasen gibt. Jede Phase, von der Entstehung über Vermutungen und Verleugnen bis zur Entdeckung und Verarbeitung, birgt ihre eigenen Lösungs- und Handlungsmöglichkeiten. Die Autoren zeigen eindrucksvoll, wie Paare diese für sich entdecken und nutzen können. Eine der zentralen Fragen lautet: Unter welchen Bedingungen kann das „Fremdgehen" des Partners akzeptiert werden? Dabei steht das Wohl aller Beteiligten – auch der Kinder – im Vordergrund.

Dieser neue Ansatz von Luyens und Vansteenwegen ermöglicht den betroffenen Paaren einen distanzierten Blick auf das unmittelbare Geschehen. Erst aus dieser Distanz heraus ist es möglich, tragfähige Entscheidungen zu treffen – und aus dem Seitensprung die Chance für einen Neuanfang zu machen.

 www.carl-auer.de